MÉMOIRES
D'UN MÉDECIN.

Corbeil, imp. de CRÉTÉ.

MÉMOIRES
D'UN MÉDECIN

PAR ALEXANDRE DUMAS.

Première Partie.

JOSEPH BALSAMO.

4

PARIS,
FELLENS ET DUFOUR, ÉDITEURS,
30, rue St.-Thomas du Louvre.
Au Bureau de l'Écho des feuilletons.

1846

I

La salle des pendules.

Dans une vaste salle du palais de Versailles, qu'on appelle la salle des pendules, un jeune homme au teint rose, aux yeux doux, à la démarche un peu vulgaire, se promenait, les bras pendants, la tête inclinée. Il paraissait avoir seize à dix-sept ans.

Sur sa poitrine étincelait, rehaussée par le velours violet de son habit, une plaque de diamants, tandis que le cordon bleu tombait sur sa hanche, froissant de la croix qu'il supportait une veste de satin blanc brodée d'agent.

Nul n'eût pu méconnaître ce profil à la fois sévère et bon, majestueux et riant, qui formait le type caractéristique des Bourbons de la première branche, et dont le jeune homme que nous introduisons sous les yeux de nos lecteurs, était à la fois l'image la plus vive et la plus exagérée ; seulement à voir la filiation peut-être dégénérescente de ces nobles visages, depuis

Louis XIV et Anne d'Autriche, on eût pu dire, que celui dont nous parlons, ne pouvait transmettre ses traits à un héritier sans une sorte d'altération du type primitif, sans que la beauté native de ce type dont il était la dernière bonne épreuve, se changeât en une figure aux traits surchargés, sans que le dessin enfin devînt une caricature.

En effet, Louis-Auguste, duc de Berry, Dauphin de France, qui fut depuis le roi Louis XVI, avait le nez bourbonnien plus long et plus aquilin que ceux de sa race, sont front légèrement déprimé était plus fuyant encore que celui de Louis XV, et le double menton de son aïeul tellement accentué chez lui, que, maigre encore, comme il était à cette époque, le menton occupait un tiers à peu près de sa figure.

En outre, sa démarche était lente et embarrassée; bien pris dans sa taille, il semblait pourtant gêné dans le mouvement des jambes et des épaules. Ses bras seuls, et ses doigts surtout, avaient l'activité, la souplesse, la force, et, pour ainsi dire, cette physionomie, qui, chez les autres, est écrite sur le front, la bouche et les yeux.

Le Dauphin arpentait donc en silence cette salle des Pendules, la même où, huit ans auparavant, Louis XV avait remis à madame de Pompadour l'arrêt du parlement qui exilait les jésuites du royaume, et tout en parcourant cette salle, il rêvait.

Cependant, il finit par se lasser d'attendre ou plutôt de songer à ce qui l'occupait, et regardant tour à tour les pendules qui décoraient la salle, il s'amusa, comme Charles-Quint, à remarquer les différences toujours invincibles, que conservent entre elles les plus régulières horloges ; manifestation bizarre, mais nettement formulée, de l'inégalité des choses matérielles, réglées ou non réglées par la main des hommes.

Il s'arrêta bientôt en face de la grande horloge située alors au fond de la salle, à la même place où elle est encore aujourd'hui; laquelle marque, par une habile combinaison des mécanismes, les jours, les mois, les années, les phases de la lune, le cours des planètes; enfin, tout ce qui intéresse cette autre machine plus surprenante encore, que l'on appelle homme, dans le mouvement progressif de sa vie vers sa mort.

Le Dauphin regardait en amateur cette pendule qui avait toujours fait son admiration, et se penchait tantôt à droite tantôt à gauche pour examiner tel ou tel rouage dont les dents aiguës, comme de fines aiguilles, mordaient un autre ressort encore plus fin. Puis ce côté de la pendule examiné, il se reprenait à la regarder en face, et à suivre de l'œil l'échappement de l'aiguille rapide, glissant sur les secondes, pareilles à ces mouches des eaux qui courent sur les étangs et les fontaines avec leurs longues pattes, sans même rider le cristal liquide sur lequel elles s'agitent incessamment.

De cette contemplation au souvenir du temps écoulé il n'y avait pas loin. Le Dauphin se rappela qu'il attendait depuis beaucoup de secondes. Il est vrai qu'il en avait déjà laissé écouler un grand nombre avant d'oser faire dire au roi qu'il l'attendait.

Tout à coup l'aiguille sur laquelle le jeune prince avait les yeux fixés s'arrêta.

A l'instant même, comme par enchantement, les rouages de cuivre cessèrent leur rotation pondérée, les axes d'acier se reposèrent dans leurs trous de rubis, et un profond silence se fit dans cette machine où fourmillaient naguère le bruit et le mouvement. Plus de secousses, plus de balancements, plus de frémissements de timbres, plus de courses d'aiguilles et de roues.

La machine était arrêtée, la pendule était morte.

Quelque grain de sable fin comme un atome était-il entré dans la dent d'une roue, ou bien était-ce tout simplement le génie de cette merveilleuse machine qui se reposait fatigué de son éternelle agitation.

A la vue de ce trépas subit, de cette apoplexie foudroyante, le Dauphin oublia pourquoi il était venu et depuis quel temps il attendait; il oublia surtout que l'heure n'est point lancée dans l'éternité par les secousses d'un balancier sonore, ou retardée sur la pente des temps par l'arrêt momentané d'un mouvement de métal, mais bien marqué sur l'horloge éternelle, qui a précédé les mondes et qui doit leur survivre par le doigt éternel et invariable du Tout-Puissant.

Il commença en conséquence par ouvrir la porte de cristal de la Pagode, où sommeillait le Génie, et passa sa tête dans l'intérieur de la pendule pour y voir de plus près.

Mais il fut tout d'abord gêné dans son observation par le grand balancier.

Alors il glissa délicatement ses doigts si intelligents par l'ouverture de cuivre et détacha le balancier.

Ce n'était point assez ; car le Dauphin eut beau regarder de tous côtés, la cause de cette léthargie resta invisible à ses yeux.

Le prince supposa alors que l'horloger du château avait oublié de remonter la pendule, et qu'elle s'était arrêtée naturellement. Il prit alors la clé, suspendue à son socle, et commença d'en monter les ressorts avec un aplomb d'homme exercé. Mais, au bout de trois tours, il fallut s'arrêter, preuve que la mécanique était soumise à un accident inconnu ; et le ressort, quoique tendu, n'en fonctionna point davantage.

Le Dauphin tira de sa poche un petit

grattoir d'écaille à lame d'acier, et, du bout de la lame, donna l'impulsion à une roue. Les rouages crièrent une demi-seconde, puis s'arrêtèrent.

L'indisposition de la pendule devenait sérieuse.

Alors, avec la pointe de son grattoir, Louis commença de démonter plusieurs pièces dont il étala soigneusement les vis sur une console.

Puis, son ardeur l'entraînant, il continua de démonter la machine compliquée et en visita jusqu'aux recoins les plus secrets et les plus mystérieux.

Tout à coup il poussa un cri de joie, il venait de découvrir qu'une vis de pression, jouant dans sa spirale, avait relaché un ressort et arrêté la roue motrice.

Alors il se mit à serrer la vis.

Puis, une roue de la main gauche, son grattoir de la main droite, il replongea sa tête dans la cage.

Il en était là de sa besogne, absorbé dans la contemplation du mécanisme, quand la porte s'ouvrit et qu'une voix cria :

— Le roi !

Mais Louis n'entendit rien que le tic-tac mélodieux né sous sa main, comme le battement d'un cœur qu'un habile médecin rend à la vie.

Le roi regarda de tous côtés et fut quelque temps sans voir le Dauphin, dont on n'apercevait que les jambes écartées, le torse étant caché par la pendule et la tête perdue dans l'ouverture.

Il s'approcha souriant et frappa sur l'épaule de son petit-fils.

— Que diable fais-tu là? lui demanda-t-il.

Louis se retira précipitamment, mais cependant avec toutes les précautions nécessaires pour n'endommager en rien le beau meuble dont il avait entrepris la restauration.

— Mais, sire, Votre Majesté le voit, dit le jeune homme tout rougissant de honte d'avoir été surpris dans cette occupation, je m'amusais en attendant que vous vinssiez.

— Oui, à massacrer ma pendule. Joli amusement!

— Au contraire, sire, je la réparais. La roue principale ne fonctionnait plus, elle était gênée par cette vis que Votre Majesté voit là. J'ai resserré la vis, et elle va maintenant.

— Mais, tu t'aveugleras à regarder là-dedans. Je ne fourrerais pas ma tête dans un pareil guêpier pour tout l'or du monde.

— Oh! que non, sire. Je m'y connais; c'est moi qui démonte, remonte et nettoie ordinairement l'admirable montre que Votre Majesté m'a donnée le jour où j'ai eu quatorze ans.

— Soit, mais laisse-là, momentanément, ta mécanique. Tu veux me parler.

— Moi, sire? dit le jeune homme en rougissant.

— Sans doute, puisque tu m'as fait dire que tu m'attendais.

— C'est vrai, sire, répondit le Dauphin en baissant les yeux.

— Eh bien! que me voulais-tu, réponds? Si tu n'as rien à me dire, je pars pour Marly.

Et déjà Louis XV cherchait à s'évader, selon sa coutume.

Le Dauphin posa son grattoir et son rouage sur un fauteuil, ce qui indiquait qu'il avait effectivement quelque chose d'important à dire au roi, puisqu'il interrompait l'importante besogne qu'il faisait.

— As-tu besoin d'argent? demanda

vivement le roi. Si c'est cela, attends, je vais t'en envoyer.

Et Louis XV fit un pas de plus vers la porte.

— Oh! non, sire, répondit le jeune Louis; j'ai encore mille écus sur ma pension du mois.

— Quel économe! s'écria le roi, et comme M. de Lavauguyon me l'a bien élevé! En vérité, je crois qu'il lui a juste donné toutes les vertus que je n'ai pas.

Le jeune homme fit un effort violent sur lui-même.

— Sire, dit-il, est-ce que madame la Dauphine est encore bien loin?

— Mais ne le sais-tu pas aussi bien que moi?

— Moi? demanda le Dauphin embarrassé.

— Sans doue; on nous a lu hier le bulletin du voyage; elle devait passer lundi dernier à Nancy; elle doit être maintenant à quarante-cinq lieues de Paris, à peu près.

— Sire, Votre Majesté ne trouve-t-elle pas, continua le Dauphin, que madame la Dauphine va bien lentement?

— Mais non, mais non, dit Louis XV, je trouve qu'elle va très-vite, au contraire, pour une femme, et en raison de toutes ces fêtes, de toutes ces réceptions; elle fait au moins dix lieues tous les deux jours, l'une dans l'autre.

— Sire, c'est bien peu, dit timidement le Dauphin.

Le roi Louis XV marchait d'étonnement en étonnement à la révélation de cette impatience qu'il n'avait point soupçonnée.

— Ah bah! fit-il avec un sourire goguenard, tu es donc pressé, toi?

Le Dauphin rougit plus fort qu'il n'avait encore fait.

— Je vous assure, sire, balbutia-t-il, que ce n'est point le motif que Votre Majesté suppose.

— Tant pis ; je voudrais que ce fût ce motif-là. Que diable ! tu as seize ans, on dit la princesse jolie ; il t'est bien permis d'être impatient. Eh ! bien sois tranquille, elle arrivera ta Dauphine.

— Sire, ne pourrait-on abréger un peu ces cérémonies sur la route ? continua le Dauphin.

— Impossible. Elle a déjà traversé sans

s'arrêter deux ou trois villes où elle devait faire séjour.

— Alors, ce sera éternel. Et puis je crois une chose, sire, hasarda timidement le Dauphin.

— Que crois-tu ? Voyons parle !

— Je crois que le service se fait mal, sire.

— Comment? quel service ?

— Le service du voyage.

— Allons dons ! J'ai envoyé trente mille chevaux sur la route, trente carrosses, soixante fourgons, je ne sais combien de caissons ; si l'on mettait caissons, fourgons, carrosses et chevaux sur une seule ligne, il y en aurait depuis Paris jusqu'à Strasbourg. Comment donc peux-tu croire qu'avec toutes ces ressources le service se fait mal ?

— Eh bien! sire, malgré toutes les bontés de Votre Majesté, j'ai la presque certitude de ce que je dis; seulement peut être ai-je employé un terme impropre, et au lieu de dire que le service se faisait mal, peut-être aurais-je dû dire que le service était mal organisé.

Le roi releva la tête à ces mots, et fixa ses yeux sur ceux du Dauphin. Il commençait à comprendre qu'il se cachait beaucoup de choses sous le peu de mots que l'Altesse Royale venait de dire.

— Trente mille chevaux, répéta le roi, trente carrosses, soixante fourgons, deux régiments employés à ce service... Je te demande, monsieur le savant, si tu as jamais vu une Dauphine entrer en France avec un cortége pareil à celui-là ?

— J'avoue, sire, que les choses sont royalement faites, et comme sait les faire Votre Majesté; mais Votre Majesté a-t-elle bien recommandé que ces chevaux, ces carrosses et tout ce matériel, en un mot, fussent spécialement affectés au service de madame la Dauphine et de sa suite?

Le roi regarda Louis pour la troisième fois; un vague soupçon venait de le mordre au cœur, un souvenir à peine saisissable commençait d'illuminer son esprit en même temps qu'une analogie confuse entre ce que disait le Dauphin et quelque chose de désagréable qu'il venait d'essuyer lui passait par la tête.

— Quelle question! dit le roi; certainement que tout cela est pour madame la Dauphine, et voilà pourquoi je te dis qu'elle ne manquera d'arriver bien vite; mais pourquoi me regardes-tu ainsi; voyons, ajouta-t-il d'un ton ferme, et qui parut menaçant au Dauphin, t'amuserais-tu, par hasard à étudier mes traits comme le ressort de tes mécaniques?

Le Dauphin qui ouvrait la bouche pour parler se tut soudainement à cette apostrophe.

— Eh bien! fit le roi avec vivacité, il me semble que tu n'as plus rien à dire, hein?... Tu es content, n'est-ce pas?... Ta Dauphine arrive, son service se fait à merveille, tu es riche comme Crésus, de ta cassette particulière; c'est au mieux. Maintenant donc, que rien ne t'inquiète plus, fais-moi le plaisir de me remonter ma pendule.

Le Dauphin ne remua point.

— Sais-tu, dit Louis XV en riant, que j'ai envie de te donner l'emploi de premier horloger du château, avec un traitement, bien entendu.

Le Dauphin baissa la tête, et intimidé par le regard du roi, il reprit sur le fauteuil le grattoir et la roue.

Louis XV, pendant ce temps, gagnait tout doucement la porte.

— Que diable voulait-il dire avec son service mal fait disait? le roi tout en le regardant. Allons, allons, voilà encore une scène esquivée ; il est mécontent.

En effet, le Dauphin, si patient d'ordinaire, frappait du pied le parquet.

— Cela se gâte, murmura Louis XV en riant, décidément je n'ai que le temps de fuir.

Mais tout à coup, comme il ouvrait la porte, il trouva sur le seuil M. de Choiseul profondément incliné.

II

La Cour du roi Pétaud.

Louis XV recula d'un pas à l'aspect inattendu du nouvel acteur qui venait se mêler à la scène pour empêcher sa sortie.

— Ah! par ma foi! pensa-t-il, j'avais oublié celui-là. Qu'il soit le bienvenu; il va payer pour les autres.

— Ah! vous voilà! s'écria-t-il. Je vous avais mandé, vous savez cela?

— Oui, sire répondit froidement le ministre, et je m'habillais pour me rendre près de Votre Majesté lorsque l'ordre m'est parvenu.

— Bien. J'ai à vous entretenir d'affaires sérieuses, commença Louis XV en fronçant le sourcil, afin, s'il était possible, d'intimider son ministre.

Malheureusement pour le roi, monsieur de Choiseul était un des hommes les moins intimidables du royaume.

— Et moi aussi, s'il plaît à Votre Majesté, répondit-il en s'inclinant, d'affaires très-sérieuses,

En même temps il échangeait un regard avec le Dauphin, à moitié caché derrière sa pendule.

Le roi s'arrêta court.

— Ah bon! pensa-t-il, de ce côté aussi, me voilà pris dans le triangle, impossible d'échapper maintenant.

— Vous devez savoir, se hâta de dire le roi, afin de porter la première botte à son antagoniste, que le pauvre vicomte Jean a failli être assassiné.

— C'est-à-dire qu'il a reçu un coup

d'épée dans l'avant-bras. Je venais parler de cet événement à Votre Majesté.

— Oui, je comprends, vous préveniez le bruit?

— J'allais au-devant des commentaires, sire.

— Vous connaissez donc cette affaire, monsieur? demanda le roi d'un air significatif.

— Parfaitement.

— Ah! fit le roi, c'est ce que l'on m'a déjà dit en bon lieu.

M. de Choiseul resta impassible.

Le Dauphin continuait de visser un écrou de cuivre; mais, la tête baissée, il écoutait, ne perdant pas un mot de la conversation.

— Maintenant je vais vous dire comment la chose s'est passée, dit le roi.

— Votre Majesté se croit-elle bien renseignée? demanda monsieur de Choiseul.

— Oh! quand à cela....

— *Nous écoutons,* sire.

— Nous écoutons? répéta le roi.

— Sans doute, Mgr le Dauphin et moi.

— Mgr le Dauphin? répéta le roi, dont

les yeux allèrent de Choiseul respectueux à Louis-Auguste attentif; et qu'a de commun monsieur le Dauphin avec cette échauffourée?

— Elle touche monseigneur, continua monsieur de Choiseul avec un salut à l'adresse du jeune prince, en ce que madame la Dauphine est en cause.

— Madame la Dauphine en cause! s'écria le roi frissonnant.

— Sans doute, ignoriez-vous cela, sire? en ce cas, Votre Majesté était mal renseignée.

— Madame la Dauphine et Jean Dubarry, dit le roi, cela va être curieux. Allons, allons, expliquez-vous, monsieur de Choiseul, et surtout ne me cachez rien, fût-ce la Dauphine qui ait donné le coup d'épée à Dubarry.

— Sire, ce n'est point madame la Dauphine, fit Choiseul toujours calme, mais c'est un de ses officiers d'escorte.

— Ah! fit le roi redevenu sérieux, un officier que vous connaissez, n'est-ce pas, monsieur de Choiseul?

— Non, sire, mais un officier que Votre Majesté doit connaître, si Votre Majesté se souvient de tous ses bons serviteurs; un officier dont le nom, dans la personne de son père, a retenti à Philipsbourg, à Fontenoy, à Mahon, un Taverney-Maison-Rouge.

Le Dauphin sembla respirer ce nom avec l'air de la salle pour le mieux conserver dans sa mémoire.

— Un Maison-Rouge! dit Louis XV, mais certainement que je connais cela. Eh! pourquoi s'est-il battu contre Jean que j'aime? Parce que je l'aime, peut-être... des jalousies absurdes, des commencements de mécontentement, des séditions partielles?

— Sire, Votre Majesté daignera-t-elle écouter? dit monsieur de Choiseul.

Louis XV comprit qu'il n'avait plus d'autre moyen de se tirer d'affaire que de s'emporter.

— Je vous dis, monsieur, que je vois là un germe de conspiration contre ma tranquillité, une persécution organisée contre ma famille.

— Ah! sire, dit M. Choiseul, est-ce en défendant madame la Dauphine, bru de Votre Majesté, qu'un brave jeune homme mérite ces reproches?

Le Dauphin se redressa et croisa les bras.

— Moi, dit-il, j'avoue que je suis reconnaissant à ce jeune homme d'avoir exposé sa vie pour une princesse qui, dans quinze jours, sera ma femme.

— Exposé sa vie, exposé sa vie, balbutia le roi; à quel propos? Faut-il encore le savoir, à quel propos?

— A propos, reprit M. de Choiseul, de ce que M. le vicomte Jean Dubarry, qui voyageait fort vite, a imaginé de prendre les chevaux de madame la Dauphine au relais qu'elle allait atteindre, et cela pour aller sans doute plus vite encore.

Le roi se mordit les lèvres et changea de couleur, il entrevoyait comme un fantôme menaçant l'analogie qui l'inquiétait naguères.

— Il n'est pas possible, je sais l'affaire, vous êtes mal renseigné, duc, murmura Louis XV, pour gagner du temps.

— Non, sire, je ne suis pas mal renseigné, et ce que j'ai l'honneur de dire à Votre Majesté, est la vérité pure. Oui, M. le vicomte Jean Dubarry a fait cette insulte à madame la Dauphine de prendre pour lui les chevaux destinés à son service, et déjà il les emmenait de force, après avoir maltraité le maître de poste, quand M. le chevalier Philippe de Taverney est arrivé, expédié par son Altesse Royale, et après plusieurs sommations civiles et conciliantes...

— Oh ! oh ! grommela le roi.

— Et après plusieurs sommations civiles et conciliantes, je le repète, sire.

— Oui, et moi j'en suis garant, dit le Dauphin.

— Vous savez cela aussi, vous ? dit le roi saisi d'étonnement.

— Parfaitement, sire.

M. de Choiseul radieux s'inclina.

— Son Altesse veut-elle continuer, dit-il, Sa Majesté aura sans doute plus de foi dans la parole de son auguste fils que dans la mienne.

— Oui, sire, continua le Dauphin sans manifester cependant pour la chaleur que M. de Choiseul avait mise à défendre l'archiduchesse, toute la reconnaissance que le ministre avait le droit d'en attendre.— Oui, sire, je savais cela, et j'étais venu pour instruire Votre Majesté que non-seulement M. Dubarry a insulté madame la Dauphine en gênant son service, mais encore en s'opposant violemment à un officier de mon régiment qui faisait son devoir en le reprenant de ce manque de convenance.

Le roi secoua la tête.

— Il faut savoir, il faut savoir, dit-il.

— Je sais, sire, ajouta doucement le Dauphin, et pour moi il n'y a plus aucun doute. M. Dubarry a mis l'épée à la main.

— Le premier, demanda Louis XV, heureux qu'on lui eût ouvert cette chance d'égaliser la lutte.

Le Dauphin rougit, et regarda M. de Choiseul, qui, le voyant embarrassé, se hâta de venir à son secours.

— Enfin, sire, dit-il, l'épée a été croisée par deux hommes dont l'un insultait et dont l'autre défendait la Dauphine.

— Oui, mais lequel a été l'agresseur ?

demanda le roi. Je connais Jean, il est doux comme un agneau.

— L'agresseur, à ce que je crois du moins, est celui qui a eu tort, sire, dit le Dauphin avec sa modération accoutumée.

— C'est chose délicate, dit Louis XV, l'agresseur celui qui a eu tort... celui qui a eu tort... et si cependant l'officier a été insolent ?

— Insolent ! s'écria M. de Choiseul, insolent contre un homme qui voulait emmener de force les chevaux destinés à la Dauphine ! Est-ce possible, sire ?

Le Dauphin ne dit rien, mais pâlit.

Louis XV vit ces deux attitudes hostiles.

— Vif, je veux dire, ajouta-t-il en se reprenant.

— Et d'ailleurs, reprit M. de Choiseul, profitant de ce pas de retraite pour faire un pas en avant, Votre Majesté sait bien qu'un serviteur zélé ne peut avoir tort.

— Ah ça! mais comment avez-vous appris cet événement, monsieur, demanda le roi au Dauphin, sans perdre de vue M. de Choiseul, que cette brusque interpellation, gêna si fort que, malgré l'effort qu'il tenta sur lui-même pour le cacher, on put s'apercevoir de son embarras.

— Par une lettre, sire, dit le Dauphin.

— Une lettre de qui ?

— De quelqu'un qui s'intéresse à madame la Dauphine et qui trouve probablement étrange qu'on l'offense.

— Allons, s'écria le roi, encore des correspondances secrètes, des complots. Voilà que l'on recommence à s'entendre pour me tourmenter, comme du temps de madame de Pompadour.

— Mais non pas, sire, reprit M. de Choiseul; il y a une chose bien simple, un délit de lèse-majesté au second chef. Une bonne punition sera appliquée au coupable, et tout sera fini.

A ce mot de punition, Louis XV vit se dresser la comtesse furibonde et Chon hérissée, il vit s'envoler la paix du ménage, ce qu'il avait cherché toute sa vie, sans le trouver jamais, et entrer la guerre intestine, aux ongles crochus et aux yeux rouges et boufis de pleurs.

— Une punition, s'écria-t-il, sans que j'aie entendu les parties, sans que je puisse apprécier de quel côté est le bon droit. Un coup d'état, une lettre de cachet. Oh! la belle proposition que vous me faites-là, monsieur le duc, la belle affaire dans laquelle vous m'entraînez !

— Mais, sire, qui respectera désormais

madame la Dauphine, si un exemple sévère n'est point fait sur la personne du premier qui l'a insultée?...

— Sans doute, ajouta le Dauphin, et ce serait un scandale, sire.

— Un exemple, un scandale, dit le roi. Oh! pardieu! faites donc un exemple pour chaque scandale qui se produit autour de nous, et je passerai ma vie à signer des lettres de cachet; j'en signe déjà bien assez comme cela, Dieu merci!

— Il le faut, sire, dit M. de Choiseul.

— Sire, je supplie Votre Majesté... dit le Dauphin.

— Comment, vous ne le trouvez point assez puni déjà par le coup d'épée qu'il a reçu ?

— Non sire, car il pouvait blesser M. de Taverney.

— Et, dans ce cas là, qu'eussiez-vous donc demandé, monsieur ?

— Je vous eusse demandé sa tête.

— Mais on n'a pas fait pis à M. de Montgommery pour avoir tué le roi Henri II, dit Louis XV.

— Il avait tué le roi par accident, sire,

et M. Jean Dubarry a insulté la Dauphine avec volonté de l'insulter.

— Et vous, monsieur, dit Louis XV se retournant vers le Dauphin, demandez-vous aussi la tête de Jean ?

— Non, sire, je ne suis point pour la peine de mort ; Votre Majesté le sait, ajouta doucement le Dauphin. Ainsi, je me bornerai à vous demander l'exil ?

Le roi tressaillit.

— L'exil pour une querelle d'auberge ! Louis, vous êtes sévère, malgré vos idées philanthropiques. Il est vrai qu'avant d'être philanthrope vous êtes mathématicien, et qu'un mathématicien...

— Votre Majesté daignera-t-elle achever...

— Et qu'un mathématicien sacrifierait l'univers à son chiffre.

— Sire, dit le Dauphin, je n'en veux pas à M. Dubarry personnellement.

— Et à qui en voulez-vous donc ?

— A l'agresseur de madame la Dauphine.

— Quel modèle des maris ! s'écria ironiquement le roi. Heureusement qu'on ne m'en fait pas facilement accroire. Je vois qui l'on attaque ici, et je vois surtout jusqu'où l'on veut me mener avec toutes ces exagérations.

— Sire, dit M. de Choiseul, ne croyez pas que l'on exagère, véritablement le public est indigné de tant d'insolence.

— Le public ! Ah ! encore un monstre que vous vous faites ou plutôt que vous me faites. Le public, est-ce que je l'écoute, moi, quand il me dit par les mille bouches des libellistes et de ses pamphlétaires, de ses chansonniers, de ses cabaleurs, que l'on me vole, que l'on me berne, que l'on me trahit. Eh ! mon Dieu non. Je le laisse dire et je ris. Faites comme moi, pardieu! fermez l'oreille, et quand il sera las de crier, votre public, il ne criera plus. — Allons, bon ! voilà que vous me faites votre salut de mécontent. Voilà Louis qui me fait sa grimace de boudeur. En vérité, c'est étrange ! qu'on ne puisse faire pour moi ce que l'on fait pour le dernier particulier, qu'on ne veuille pas me laisser vivre à ma guise; qu'on haïsse sans cesse ce que j'aime; qu'on aime éternellement ce que je hais ! Suis-je sage ou suis-je fou ? Suis-je le maître ou ne le suis-je pas ?

Le Dauphin prit son grattoir et revint à sa pendule.

M. de Choiseul s'inclina de la même façon que la première fois.

— Bon! l'on ne me répond rien. Mais répondez-moi donc quelque chose, mordieu! Vous voulez donc me faire mourir de chagrin, avec vos propos et avec vos silences, avec vos petites haines et vos petites craintes?

— Je ne hais pas monsieur Dubarry, sire, dit le Dauphin en souriant.

— Et moi, sire, je ne le crains pas, dit avec hauteur monsieur de Choiseul.

— Tenez, vous êtes tous de mauvais esprits, cria le roi jouant la fureur, quoiqu'il n'éprouvât que du dépit. Vous voulez que je me rende la fable de l'Europe, que je me fasse railler par mon cousin le roi de Prusse, que je réalise la cour du roi Pétaud de ce faquin de Voltaire. Eh bien! non, je ne le ferai pas. Non! vous n'aurez pas cette joie. Je comprends mon honneur à ma façon, et je le garderai à ma manière.

—Sire, dit le Dauphin avec son inépuisable douceur, mais avec son éternelle persistance, j'en demande bien pardon à Votre Majesté, il ne s'agit point de son honneur, mais de la dignité de madame la Dauphine qui a été insultée.

— Monseigneur a raison, sire, un mot

de la bouche de Votre Majesté et personne ne recommencera.

— Et qui donc recommencerait? On n'a point commencé : Jean est un balourd, mais il n'est point méchant.

— Soit, dit monsieur de Choiseul, mettons cela sur le compte de la balourdise, sire, et qu'il fasse de sa balourdise des excuses à monsieur de Taverney.

— Je vous ai déjà dit, s'écria Louis XV, que tout cela ne me regarde pas ; que Jean fasse des excuses, il est libre d'en faire ; qu'il n'en fasse pas, il est libre encore.

— L'affaire ainsi abandonnée à elle-même fera du bruit, sire, dit monsieur de Choiseul, j'ai l'honneur d'en prévenir Votre Majesté.

— Tant mieux! cria le roi. Et qu'elle en fasse tant et tant que j'en devienne sourd, pour ne plus entendre toutes vos sottises.

— Donc, répondit monsieur de Choiseul avec son implacable sang-froid, Votre Majesté m'autorise à publier qu'elle donne raison à monsieur Dubarry?

— Moi! s'écria Louis XV, moi! donner raison à quelqu'un dans une affaire noire comme de l'encre! Décidément, on veut me pousser à bout. Oh! prenez-y garde, duc.... Louis, pour vous-même, ménagez-moi davantage.... Je vous laisse songer à ce que je vous dis, car je suis las, je suis à bout, je n'y tiens plus. Adieu, messieurs, je passe chez mes filles, et je me sauve à Marly, où j'aurai peut-être un peu de tranquillité, si vous ne m'y suivez pas, surtout.

En ce moment, et comme le roi se dirigeait vers elle, la porte s'ouvrit, un huissier parut sur le seuil.

— Sire, dit-il, Son Altesse Royale madame Louise attend dans la galerie le moment de faire ses adieux au roi.

— Ses adieux ! fit Louis XV effaré, et où va-t-elle donc ?

— Son Altesse dit qu'elle a eu de Votre Majesté la permission de quitter le château.

— Allons, encore un événement ! Voilà ma bigotte qui fait des siennes, maintenant. En vérité, je suis le plus malheureux des hommes ?

Et il sortit tout courant.

— Sa Majesté nous laisse sans réponse, dit le duc au Dauphin ; que décide Votre Altesse Royale ?

— Ah ! la voilà qui sonne, s'écria le jeune prince, en écoutant avec une joie feinte ou réelle les tintements de sa pendule remise en mouvement.

Le ministre fronça le sourcil et sortit à reculons de la salle des Pendules, où le Dauphin demeura seul.

III

Madame Louise de France.

La fille aînée du roi attendait son père dans la grande galerie de Lebrun, la même où Louis XIV, en 1683, avait reçu le doge Impériali et les quatre sénateurs génois qui venaient implorer le pardon de la république.

A l'extrémité de cette galerie, opposée à celle par laquelle le roi devait entrer, se trouvaient deux ou trois dames d'honneur qui semblaient consternées.

Louis XV arriva au moment où les groupes commençaient à se former dans le vestibule, car la résolution qui semblait avoir été prise le matin même par la princesse, commençait à se répandre dans le palais.

Madame Louise de France princesse d'une taille majestueuse et d'une beauté toute royale, mais dont une tristesse inconnue ridait parfois le front pur; Madame Louise de France, disons-nous, imposait à toute la cour par la pratique des plus austères vertus, ce respect pour les grands pouvoirs de l'Etat, que, depuis cinquante ans, on ne savait plus vénérer en France, que par intérêt ou par crainte.

Il y a plus : dans ce moment de désaffection générale du peuple pour ses maîtres, on ne disait pas encore tout haut pour ses tyrans, — on l'aimait. C'est que sa vertu n'était point farouche ; bien que l'on n'eût jamais parlé hautement d'elle, on se rappelait qu'elle avait un cœur. Et chaque jour, elle le témoignait par des bienfaits, tandis que les autres ne le montraient que par le scandale.

Louis XV craignait sa fille, par la seule raison qu'il l'estimait. Quelquefois même il en était fier ; aussi était-ce la seule de ses enfants qu'il ménageât dans ses railleries piquantes ou dans ses familiarités triviales, et tandis qu'il appelait ses trois autres filles, — Adélaïde, Victoire et Sophie, — Loque, Chiffe et Graille, il appelait Louise de France Madame.

Depuis que le maréchal de Saxe avait emporté au tombeau l'âme des Turennes et des Condé, Marie Leckzinska, l'esprit de conduite de la reine Marie-Thérèse, tout se faisait petit autour du trône rapetissé; alors Madame Louise, d'un caractère vraiment royal et qui, par comparaison, semblait héroïque, faisait l'orgueil de la couronne de France qui n'avait plus que cette seule perle fine, au milieu de son clinquant et de ses pierres fausses.

Nous ne disons pas pour cela que Louis XV aimât sa fille. Louis XV, on le sait, n'aimait que lui. Nous affirmons seulement qu'il tenait à elle plus qu'aux autres.

En entrant, il vit la princesse seule au milieu de la galerie, appuyée contre une table en incrustation de jaspe sanguin et de lapis lazuli.

Elle était vêtue de noir ; ses beaux cheveux sans poudre se cachaient sous la dentelle à double étage; son front, moins sévère que de coutume, était peut-être plus triste. Elle ne regardait rien autour d'elle, quelquefois seulement elle promenait ses yeux mélancoliques sur les portraits des rois de l'Europe, à la tête desquels brillaient ses ancêtres : les rois de France.

Le costume noir était l'habit de voyage ordinaire des princesses ; il cachait les longues poches que l'on portait encore à cette époque, comme au temps des reines ménagères, et Madame Louise, à leur exemple, gardait à sa ceinture, attachées à un anneau d'or, les nombreuses clefs de ses coffres et de ses armoires.

Le roi devint fort pensif lorsqu'il vit avec quel silence et surtout avec quelle attention on regardait le résultat de cette scène.

Mais la galerie est si longue que, placés aux deux extrémités, les spectateurs ne pouvaient manquer de discrétion pour les acteurs. Ils voyaient, c'était leur droit ; ils n'entendaient pas, c'était leur devoir.

La princesse fit quelques pas au-devant du roi, et lui prit la main qu'elle baisa respectueusement.

— On dit que vous partez, Madame ?

lui demanda Louis XV. Allez-vous donc en Picardie?

— Non, sire, dit la princesse.

— Alors, je devine, dit le roi en haussant la voix, vous allez en pèlerinage à Noirmoutiers.

— Non, sire, répondit Madame Louise, je me retire au couvent des Carmélites de Saint-Denis dont je puis être abbesse, vous le savez.

Le roi tressaillit, mais son visage resta calme quoique son cœur fût réellement troublé.

— Oh! non, dit-il, non, ma fille, vous

ne me quitterez point, n'est-ce pas ? C'est impossible que vous me quittiez.

— Mon père, j'ai depuis longtemps décidé cette retraite, que Votre Majesté a bien voulu autoriser ; ne me résistez donc pas, mon père, je vous en supplie.

— Oui, certes, j'ai donné cette autorisation, mais après avoir combattu longtemps vous le savez. Je l'ai donnée parce que j'espérais toujours qu'au moment de partir le cœur vous manquerait. Vous ne pouvez pas vous ensevelir dans un cloître, vous ; ce sont des mœurs oubliées ; on n'entre au couvent que pour des chagrins ou des mécomptes de fortune. La fille du roi de France n'est point pauvre, que je sache, et si elle est malheureuse, personne ne doit le voir.

La parole et la pensée du roi s'élevaient à mesure qu'il rentrait plus avant dans ce rôle de roi et de père que jamais l'acteur ne joue mal quand l'orgueil conseille l'un et que le regret inspire l'autre.

— Sire, répondit Louise, qui s'apercevait de l'émotion de son père, et que cette émotion, si rare chez l'égoïste Louis XV, touchait à son tour plus profondément qu'elle ne voulait le faire paraître, sire, n'affaiblissez pas mon âme en me montrant votre tendresse. Mon chagrin n'est point un chagrin vulgaire; voilà pourquoi ma résolution est en deçà des habitudes de notre siècle.

— Vous avez donc des chagrins? s'écria le roi avec un éclair de sensibilité. Des chagrins! toi, pauvre enfant!

— De cruels, d'immenses, sire, répondit Madame Louise.

— Eh! ma fille, que ne me le disiez-vous?

—Parce que ce sont de ces chagrins qu'une main humaine ne peut guérir.

— Même celle d'un roi?

— Même celle d'un roi, sire.

— Même celle d'un père ?

— Non plus, sire, non plus.

— Vous êtes religieuse, cependant, vous, Louise, et vous puisez de la force dans la religion.

— Pas encore assez, sire, et je me retire dans un cloître pour en trouver davantage. Dans le silence Dieu parle au cœur de l'homme; et dans la solitude, l'homme parle au cœur de Dieu.

— Mais vous faites au Seigneur un sacrifice énorme que rien ne compensera. Le trône de France jette une ombre auguste sur les enfants élevés autour de lui ; cette ombre ne vous suffit-elle pas?

— Celle de la cellule est plus profonde encore, mon père ; elle rafraîchit le cœur elle est douce aux forts comme aux faibles, aux humbles comme aux superbes, aux grands comme aux petits.

— Est-ce donc quelque danger que vous croyez courir ? En ce cas, Louise, le roi est là pour vous défendre.

— Sire, que Dieu défende d'abord le roi !

— Je vous le répète, Louise, vous vous laissez égarer par un zèle mal entendu.

Prier est bien, mais non pas prier toujours. Vous si bonne, vous si pieuse, qu'avez-vous besoin de tant prier ?

— Jamais je ne prierai assez, ô mon père ! jamais je ne prierai assez, ô mon roi, pour écarter tous les malheurs qui vont fondre sur nous ! Cette bonté que Dieu m'a donnée, cette pureté que, depuis vingt ans, je m'efforce de purifier sans cesse ne font pas encore, j'en ai peur, la mesure de candeur et d'innocence qu'il faudrait à la victime expiatoire.

Le roi se recula d'un pas, et regardant Madame Louise avec étonnement :

— Jamais vous ne m'avez parlé ainsi,

dit-il. Vous vous égarez, chère enfant ! l'ascétisme vous perd.

— Oh ! sire, n'appelez pas de ce nom mondain le dévouement le plus vrai et surtout le plus nécessaire que jamais sujette ait offert à son roi, et fille à son père, dans un pressant besoin. Sire, votre trône, dont tout à l'heure vous m'offriez orgueilleusement l'ombre protectrice, sire, votre trône chancelle, sous des coups que vous ne sentez pas encore, mais que je devine déjà, moi. Quelque chose de profond se creuse sourdement, comme un abîme où peut tout à coup s'engloutir la monarchie. Vous a-t-on jamais dit la vérité, sire ?

Madame Louise regarda autour d'elle pour voir si nul n'était à portée de l'entendre, et sentant tout le monde à distance elle continua :

— Eh bien ! je la sais, moi, moi, qui, sous l'habit d'une sœur de la Miséricorde, ai vingt fois visité les rues sombres, les mansardes affamées, les carrefours pleins de gémissements. Eh bien ! dans ces rues, dans ces carrefours, dans ces mansardes, sire, on meurt de faim et de froid l'hiver, de soif et de chaud l'été. Les campagnes que vous ne voyez pas, vous, sire, car vous allez de Versailles à Marly et de Marly à Versailles seulement, les campagnes n'ont plus de grain, je ne dirai pas pour nourrir les peuples, mais pour ensemencer les sillons, qui, maudits je ne sais par quelle puissance ennemie, dévorent et ne rendent pas. Tous ces gens, qui manquent de pain, grondent sourdement, car des rumeurs vagues et inconnues passent dans l'air, dans le crépuscule, dans la nuit, qui leur parlent de fers, de chaînes, de tyrannies, et à ces paroles ils se réveillent, cessent de se plaindre et commencent à gronder.

De leur côté, les parlements demandent le droit de remontrance, c'est-à-dire le droit de vous dire tout haut ce qu'ils disent tout bas : — Roi, tu nous perds! sauve-nous ou nous nous sauvons seuls.

Les gens de guerre creusent de leur épée inutile une terre, où germe la liberté que les encyclopédistes y ont jetée à pleines mains. Les écrivains, — comment cela se fait-il si ce n'est que les yeux des hommes commencent à voir des choses qu'ils ne voyaient pas, — les écrivains savent ce que nous faisons de mal en même temps que nous le faisons, et l'apprennent au peuple qui fronce le sourcil maintenant chaque fois qu'il voit passer ses maîtres. Votre Majesté marie son fils! Autrefois, lorsque la reine Anne d'Autriche maria le sien, la ville de Paris fit des présents à la princesse Marie-Thérèse. Aujourd'hui, au contraire, non-seulement la ville se tait, non-seulement la ville n'offre rien, mais encore Votre Majesté a dû forcer les impôts, pour payer les carrosses avec lesquels on conduit une fille de César chez un fils de saint-Louis. Le clergé est habitué, depuis longtemps à ne plus prier Dieu, mais il sent que les terres sont données, les priviléges épuisés, les coffres vides, et il se remet à prier Dieu, pour ce qu'il appelle le bonheur du peuple ! — Enfin, Sire, faut-il que l'on vous dise ce que vous savez bien, ce que vous avez vu avec tant d'amertume que vous n'en avez parlé à personne? Les rois, nos frères, qui jadis nous jalousaient, les rois nos frères se détournent de nous. Vos quatre filles, Sire, les filles du roi de France! vos quatre filles n'ont pas été mariées, et il y a vingt princes en Allemagne, trois en Angleterre, seize dans les états du Nord, sans compter nos parents les Bourbons d'Espagne et de Naples qui nous oublient, ou se détournent de nous comme les autres. Peut-être le Turc eût-il voulu de nous si nous n'eussions pas été les filles du roi très-chrétien. Oh! je ne parle pas pour moi, mon père, je ne me plains pas ; c'est un état heureux que le mien, puisque me voici libre, puisque je ne suis nécessaire à aucun de ma famille, puisque je vais pouvoir dans la retraite, dans la méditation, dans la pauvreté, prier Dieu pour qu'il détourne de votre tête et de celle de mon neveu, cet effrayant orage que je vois tout là bas grondant dans le ciel de l'avenir.

— Ma fille! mon enfant, dit le roi, tes craintes te font cet avenir pire qu'il n'est.

— Sire, sire, dit Madame Louise, rappelez-vous cette princesse antique, cette prophétesse royale; elle prédisait comme moi à son père et à ses frères, la guerre, la destruction, l'incendie; et son père et ses frères riaient de ses prédictions qu'ils disaient insensées. Ne me traitez pas comme elle. Prenez garde ! ô mon père ! réfléchissez ! ô mon roi !

Louis XV croisa ses bras et laissa tomber sa tête sur sa poitrine.

— Ma fille, dit-il, vous me parlez sévèrement ; ces malheurs que vous me reprochez sont-ils donc mon ouvrage ?

— A Dieu ne plaise que je le pense ! mais ils sont ceux du temps où nous vivons. Vous êtes entraîné, comme nous tous. Écoutez, sire, comme on applaudit dans les parterres à la moindre allusion contre la royauté ; voyez, le soir, les groupes joyeux descendre à grand fracas les petits escaliers des entresols, quand le grand escalier de marbre est sombre et désert. Sire, le peuple et les courtisans se sont fait des plaisirs à part de nos plaisirs ; ils s'amusent sans nous, ou plutôt, quand nous paraissons où ils s'amusent, nous les attristons. Hélas! continua la princesse avec une adorable mélancolie, hélas! pauvres beaux jeunes gens! pauvres charmantes femmes! aimez! chantez! oubliez! soyez heureux! Je vous gênais ici, tandis que, là-bas, je vous servirai. Ici, vous étouffiez vos rires joyeux de peur de me déplaire ; là-bas, là-bas, je prierai, oh! je prierai de tout mon cœur, pour le roi, pour mes sœurs, pour mes neveux, pour le peuple de France, pour vous tous, enfin, que j'aime avec l'énergie d'un cœur que nulle passion n'a encore fatigué.

— Ma fille, dit le roi après un sombre silence, je vous en supplie, ne me quittez pas, en ce moment du moins; vous venez de briser mon cœur.

Louise de France saisit la main de son père, et attachant avec amour ses yeux sur la noble physionomie de Louis XV :

— Non, dit-elle, non, mon père; pas une heure de plus dans ce palais. Non, il est temps que je prie. Je me sens la force de racheter par mes larmes tous les plaisirs auxquels vous aspirez, vous encore jeune, vous qui êtes un bon père, vous qui savez pardonner.

— Reste avec nous, Louise, reste avec nous, dit le roi en serrant sa fille dans ses bras.

La princesse secoua la tête.

— Mon royaume n'est pas de ce monde, dit-elle tristement en se dégageant de l'embrassement royal. Adieu, mon père. J'ai dit aujourd'hui des choses qui, depuis dix ans, me surchargeaient le cœur. Le fardeau m'étouffait. Adieu; je suis contente. Voyez : je souris, je suis heureuse d'aujourd'hui seulement. Je ne regrette rien.

— Pas même moi, ma fille?

— Oh! je vous regretterais si je ne devais plus vous voir; mais vous viendrez quelquefois à Saint-Denis; vous ne m'oublierez pas tout à fait.

— Oh! jamais, jamais!

— Ne vous attendrissez pas, sire. Ne laissons pas croire que cette séparation soit durable. Mes sœurs n'en savent rien encore, à ce que je crois, du moins; mes femmes seules sont dans la confidence. Depuis huit jours, je fais tous mes apprêts, et je désire ardemment que le bruit de mon départ ne retentisse qu'après celui des lourdes portes de Saint-Denis. Ce dernier bruit m'empêchera d'entendre l'autre.

Le roi lut dans les yeux de sa fille que son dessein était irrévocable. Il aimait mieux d'ailleurs qu'elle partît sans bruit. Si Madame Louise craignait l'éclat des sanglots pour sa résolution, le roi le craignait bien plus encore pour ses nerfs.

Puis il voulait aller à Marly, et trop de douleur à Versailles eût nécessairement fait ajourner le voyage.

Enfin, il songeait qu'il ne rencontrerait

plus, au sortir de quelque orgie, indigne à la fois du roi et du père, cette figure grave et triste qui lui semblait un reproche de cette insouciante et paresseuse existence qu'il menait.

— Qu'il soit donc fait comme tu voudras, mon enfant, dit-il ; seulement, reçois la bénédiction de ton père, que tu as toujours rendu parfaitement heureux.

— Votre main seulement, que je la baise, sire, et donnez-moi mentalement cette précieuse bénédiction.

C'était pour ceux qui étaient instruits de sa résolution un spectacle grand et solennel que celui de cette noble princesse, qui, à chaque pas qu'elle faisait, s'avançait vers ses aïeux, qui, du fond de leurs cadres d'or, semblaient la remercier de ce qu'elle venait, vivante, les retrouver dans leurs sépulcres.

A la porte, le roi salua sa fille, et revint sur ses pas sans dire un seul mot.

La cour le suivit comme c'était l'étiquette.

IV

Loque, Chiffe et Graille.

Le roi se dirigea vers le cabinet des équipages, où il avait l'habitude, avant la chasse ou la promenade, de passer quelques moments pour donner des ordres particuliers au genre de service dont il avait besoin pour le reste de la journée.

Au bout de la galerie, il salua les courtisans et leur fit un signe de la main indiquant qu'il voulait être seul.

Louis XV, demeuré seul, continua son chemin à travers un corridor sur lequel donnait l'appartement de Mesdames. Arrivé devant la porte fermée par une tapisserie, il s'arrêta un instant et secoua la tête.

—Il n'y en avait qu'une bonne, grommela-t-il entre ses dents, et elle vient de partir.

Un éclat de voix répondit à cet axiome passablement désobligeant pour celles qui restaient. La tapisserie se releva et Louis XV fut salué par ces paroles que lui adressa en chœur un trio furieux :

— Merci, mon père !

Le roi se trouvait au milieu de ses trois autres filles.

— Ah ! c'est toi, Loque, dit-il, s'adressant à l'aînée des trois, c'est-à-dire à Madame Adélaïde. Ah ! ma foi ! tant pis, fâche-toi ou ne te fâche pas, j'ai dit la vérité.

— Ah ! dit Madame Victoire, vous ne nous avez rien appris de nouveau, sire, et nous savons que vous avez toujours préféré Louise.

— Ma foi! tu as dit là une grande vérité, Chiffe.

— Et pourquoi nous préférer Louise? demanda d'un ton aigre Madame Sophie.

— Parce que Louise ne me tourmente pas, répondit-il avec cette bonhomie dont, dans ses moments d'égoïsme, Louis XV offrait un type si parfait.

— Oh! elle vous tourmentera, soyez tranquille, mon père, dit madame Sophie avec un ton d'aigreur qui attira particulièrement vers elle l'attention du roi.

— Qu'en sais-tu, Graille? dit-il. Est-ce que Louise, en partant, t'a fait ses confidences, à toi? Cela m'étonnerait, car elle ne t'aime guère.

— Ah! ma foi! en tout cas, je le lui rends bien, répondit Madame Sophie.

— Très-bien! dit Louis XV, haïssez-vous, détestez-vous, déchirez-vous, c'est votre affaire ; pourvu que vous ne me dérangiez pas pour rétablir l'ordre dans le royaume des amazones, cela m'est égal. Mais je désire savoir en quoi la pauvre Louise doit me tourmenter.

— La pauvre Louise ! dirent ensemble Madame Victoire et Madame Adélaïde, en allongeant les lèvres de deux façons différentes.

— En quoi elle doit vous tourmenter? Eh bien! je vais vous le dire, mon père.

Louis s'étendit dans un grand fauteuil placé près de la porte, de sorte que la retraite lui restait toujours chose facile.

— Parce que Madame Louise, répondit Sophie, est un peu tourmentée du démon qui agitait l'abbesse de Chelles, et qu'elle se retire au couvent pour faire des expériences.

— Allons, allons, dit Louis XV, pas d'équivoques, je vous prie, sur la vertu de votre sœur; on n'a jamais rien dit au dehors, où cependant l'on dit tant de choses. Ne commencez pas, *vous*.

— Moi ?

— Oui, *vous*.

— Oh ! je ne parle pas de sa vertu, dit Madame Sophie, fort blessée de l'accentuation particulière donnée par son père au mot *vous*, et de sa répétition affectée ; je dis qu'elle fera des expériences, et voilà tout.

— Eh ! quand elle ferait de la chimie, des armes et des roulettes de fauteuil, quand elle flûterait, quand elle tambourinerait, quand elle écraserait des clavecins ou râclerait le boyau, quel mal voyez-vous à cela ?

— Je dis qu'elle va faire de la politique.

Louis XV tressaillit.

— Etudier la philosophie, la théologie et continuer les commentaires sur la bulle *Unigenitus*; de sorte que pris entre ses théories gouvernementales, ses systèmes méthaphysiques et sa théologie, nous paraîtrons les inutiles de la famille, nous...

— Si cela conduit votre sœur en paradis, quel mal y voyez-vous? reprit Louis XV assez frappé cependant du rapport qu'il y avait entre l'accusation de Graille et la diatribe politique dont madame Louise avait chauffé sa sortie. Enviez-vous sa béatitude? ce serait le fait de bien mauvaises chrétiennes.

— Ah! ma foi, non, dit Madame Victoire; ou elle va je la laisse aller; seulement je ne la suis pas.

— Ni moi non plus, répondit madame Adelaïde.

— Ni moi, non plus, dit Madame Sophie.

— D'ailleurs elle nous détestait, dit Madame Victoire.

— Vous, dit Louis XV.

— Oui, nous, nous, répondirent les deux autres sœurs.

— Vous verrez, dit Louis XV, qu'elle n'aura choisi le paradis que pour ne pas se rencontrer avec sa famille, cette pauvre Louise.

Cette saillie fit rire médiocrement les trois sœurs. Madame Adélaïde, l'aînée des trois, rassemblait toute sa logique pour porter au roi un coup plus acéré que ceux qui venaient de glisser sur sa cuirasse.

— Mesdames, dit-elle du ton pincé qui lui était particulier quand elle sortait de cette indolence qui lui avait fait donner par son père le non de Loque, Mesdames, vous n'avez trouvé ou vous n'avez pas osé dire au roi la véritable raison du départ de Madame Louise.

— Allons, bon encore quelque noirceur reprit le roi. Allez, Loque, allez !

— Oh ! sire, reprit celle-ci, je sais bien que je vous contrarierai peut-être un peu.

— Dites que vous espérez, ce sera plus juste.

Madame Adélaïde se mordit les lèvres.

— Mais, ajouta-t-elle, je dirai la vérité.

— Bon! cela promet. La vérité! Guérissez-vous donc de dire de ces choses-là. Est-ce que je la dis jamais, la vérité? Eh! voyez, je ne m'en porte pas plus mal, Dieu merci!

Et Louis XV haussa les épaules.

— Voyons, parlez, ma sœur, parlez, dirent à l'envi les deux autres princesses, impatientes de savoir cette raison qui devait tant blesser le roi.

— Bons petits cœurs, grommela Louis XV, comme elles aiment leur père, voyez!

Et il se consola en songeant qu'il le leur rendait bien.

— Or, continua Madame Adélaïde, ce que notre sœur Louise redoutait le plus au monde, elle qui tenait tant à l'étiquette, c'était...

— C'était...? répéta Louis XV ; voyons, achevez au moins, puisque vous voilà lancée.

— Eh bien! sire, c'était l'intrusion de nouveaux visages.

— L'intrusion, avez-vous dit, fit le roi mécontent de ce début, parce qu'il voyait d'avance où il tendait, l'intrusion ! Est-ce qu'il y a des intrus chez moi ? est-ce qu'on me force à recevoir qui je ne veux pas ?

C'était une façon assez adroite de changer absolument le sens de la conversation.

Mais Madame Adélaïde était un trop fin limier de malice pour se laisser dépister ainsi, quand elle était sur la trace de quelque bonne méchanceté.

— J'ai mal dit, sire, reprit-elle, j'ai mal dit, et ce n'est pas le mot propre. Au lieu d'intrusion, j'aurais dû dire introduction.

— Ah! ah! dit le roi; voici déjà une amélioration; l'autre mot me gênait, je l'avoue; j'aime mieux introduction.

— Et cependant, sire, continua Madame Victoire, je crois que ce n'est pas encore là le véritable mot.

— Et quel est-il, voyons ?

— C'est présentation.

— Ah ! oui, dirent les autres sœurs se réunissant à leur aînée, je crois que le voilà trouvé cette fois.

Le roi se pinça les lèvres.

— Ah ! vous croyez ? dit-il.

— Oui, reprit Madame Adélaïde. Je dis donc que ma sœur craignait fort les nouvelles présentations.

—Eh bien ! fit le roi qui désirait en finir tout de suite, après ?

— Eh bien! mon père, elle aura eu peur, par conséquent, de voir arriver à la cour madame la comtesse Dubarry.

— Allons donc! s'écria le roi avec un élan irrésistible de dépit, allons donc! dites le mot, et ne tournez pas si longtemps autour; cordieu! comme vous nous lanternez, madame la Vérité!

— Sire, répondit Madame Adélaïde, si j'ai tant tardé à dire à Votre Majesté ce que je viens de lui dire, c'est que le respect m'a retenue, et que son ordre seul pouvait m'ouvrir la bouche sur un pareil sujet.

— Ah! oui! avec cela que vous la tenez fermée, votre bouche ; avec cela que vous ne bâillez pas, que vous ne parlez pas, que vous ne mordez pas!...

— Il n'en est pas moins vrai, sire, continua Madame Adélaïde, que je crois avoir trouvé le véritable motif de la retraite de ma sœur.

— Eh bien ! vous vous trompez.

— Oh ! sire, répétèrent ensemble et en hochant la tête de haut en bas Madame Victoire et Madame Sophie ; oh ! sire, nous sommes bien certaines.

— Ouais ! interrompit Louis XV, ni plus ni moins qu'un père de Molière. Ah !

on se rallie à la même opinion, que je crois. J'ai la conspiration dans ma famille, il me semble. C'est donc pour cela que cette présentation ne peut avoir lieu. C'est donc pour cela que Mesdames ne sont pas chez elles lorsqu'on veut leur faire visite ; c'est donc pour cela qu'elles ne font point réponse aux placets, ni aux demandes d'audience.

— A quels placets, et à quelles demandes d'audience ? demanda madame Adélaide.

— Eh ! vous le savez bien ; aux placets de mademoiselle Jeanne Vaubernier, dit Madame Sophie.

— Non pas aux demandes d'audience de mademoiselle Lange, dit Madame Victoire.

Le roi se leva furieux ; son œil si calme et si doux d'ordinaire lança un éclair assez peu rassurant pour les trois sœurs.

Comme, au reste, il n'y avait point dans le trio royal d'héroïne capable de soutenir la colère paternelle, toutes trois baissèrent le front sous la tempête.

— Voilà, dit-il, pour me prouver que je me trompais quand je disais que la meilleure des quatre était partie.

— Sire, dit Madame Adélaïde, Votre Majesté nous traite mal, plus mal que ses chiens.

— Je le crois bien, mes chiens, quand j'arrive, ils me caressent; mes chiens, voilà de véritables amis. Aussi adieu, Mesdames. Je vais voir Charlotte, Belle-Fille et Gredinet. Pauvres bêtes! oui je les aime, et je les aime surtout parce qu'elles ont cela de bon qu'elles n'aboient pas la vérité, elles.

Le roi sortit furieux; mais il n'eut pas fait quatre pas dans l'antichambre qu'il entendit ses trois filles qui chantaient en chœur :

Dans Paris, la grand'ville,
Garçons, femmes et filles
Ont tous le cœur débile
Et poussent des hélas! Ah! ah! ah! ah!
La maîtresse de Blaise
Est très-mal à son aise,
  Aise,
  Aise,
  Aise,
Elle est sur le grabat. Ah! ah! ah!

C'était le premier couplet d'un vaudeville contre madame Dubarry, lequel courait les rues sous le nom de *la Belle Bourbonnaise*.

Le roi fut tout près de revenir sur ses pas et peut-être Mesdames se fussent-elles assez mal trouvées de ce retour, mais il se retint, et continua son chemin en criant pour ne pas entendre :

— Monsieur le capitaine des levrettes, holà ! monsieur le capitaine des levrettes !

L'officier que l'on décorait de ce singulier titre accourut.

— Qu'on ouvre le cabinet des chiens, dit le roi.

— Oh ! sire, s'écria l'officier en se jetant au-devant de Louis XV, que Votre Majesté ne fasse pas un pas de plus.

— Eh bien ! qu'y a-t-il, voyons ? dit le roi, s'arrêtant au seuil de la porte, sous laquelle passaient en sifflant les haleines des chiens qui sentaient leur maître.

— Sire, dit l'officier pardonnez à mon zèle, mais je ne puis permettre que le roi entre près des chiens.

— Ah oui! dit le roi, je comprends, le cabinet n'est point en ordre... eh bien! faites sortir Gredinet.

— Sire, murmura l'officier dont le visage exprima la consternation, Gredinet n'a ni bu, ni mangé depuis deux jours, et l'on craint qu'il ne soit enragé.

—Oh! bien décidément, s'écria Louis XV,

je suis le plus malheureux des hommes... Gredinet enragé! Voilà qui mettrait le comble à mes chagrins.

L'officier des levrettes crut devoir verser une larme pour animer la scène.

Le roi tourna les talons et regagna son cabinet où l'attendait son valet de chambre.

Celui-ci, en apercevant le visage bouleversé du roi, se dissimula dans l'embrâsure d'une fenêtre.

—Ah! je le vois bien, murmura Louis XV sans faire attention à ce fidèle serviteur qui n'était pas un homme pour le roi, et en marchant à grands pas dans son cabinet, ah! je le vois bien : M. de Choiseul se moque de moi; le Dauphin se regarde déjà comme à moitié maître, et croit qu'il le sera tout à fait quand il aura fait asseoir sa petite Autrichienne sur le trône. Louise m'aime, mais bien durement, puisqu'elle me fait de la morale et qu'elle s'en va. Mes trois autres filles chantent des chansons où l'on m'appelle Blaise. M. le comte de Provence traduit *Lucrèce*. M. le comte d'Artois court les ruelles. Mes chiens deviennent enragés et veulent me mordre. Décidément, il n'y a que cette pauvre comtesse qui m'aime,

Au diable donc ceux qui veulent lui faire déplaisir !

Alors, avec une résolution désespérée, s'asseyant près de la table sur laquelle Louis XIV donnait sa signature, et qui avait reçu le poids des derniers traités et des lettres superbes du grand roi :

— Je comprends maintenant pourquoi tout le monde hâte autour de moi l'arrivée de madame la Dauphine. On croit qu'elle n'a qu'à se montrer ici pour que je devienne son esclave, ou que je sois dominé par sa famille. Ma foi ! j'ai bien le temps de la voir, ma chère bru. Surtout si son arrivée ici doit encore m'occasionner de nouveaux tracas. Vivons donc tranquille ; tranquille le plus longtemps possible, et pour y parvenir, retenons-la en route. Elle devait, continua le roi, passer Reims et passer Noyon sans s'arrêter, et venir tout de suite à Compiègne ; maintenons le premier cérémonial. Trois jours de réception à Reims, et un, non, ma foi! deux, bah! trois jours de fête à Noyon. Cela fera toujours six jours de gagnés, six bons jours.

Le roi prit la plume et adressa lui-même à M. de Stainville l'ordre de s'arrêter trois jours à Reims et trois jours à Noyon.

Puis mandant le courrier de service :

— Ventre à terre, dit-il, jusqu'à ce que vous ayez remis cet ordre à son adresse.

Puis de la même plume :

« Chère comtesse, écrivit-il, nous installons aujourd'hui Zamore dans son gouvernement. Je pars pour Marly. Ce soir j'irai vous dire à Luciennes tout ce que je pense en ce moment.

« LA FRANCE. »

— Tenez, Lebel, dit-il, allez porter cette lettre à la comtesse et tenez-vous bien avec elle, c'est un conseil que je vous donne.

Le valet de chambre s'inclina et sortit.

V

Madame de Béarn.

Le premier objet de toutes ces fureurs, la pierre d'achoppement de tous ces scandales désirés ou redoutés à la cour, madame la comtesse de Béarn, comme l'avait dit Chon à son frère, voyageait rapidement vers Paris.

Ce voyage était le résultat d'une de ces merveilleuses imaginations qui, dans ses moments d'embarras, venaient au secours du vicomte Jean.

Ne pouvant trouver parmi les femmes de la cour cette marraine tant désirée et si nécessaire, puisque, sans elle, la présentation de madame Dubarry ne pouvait avoir lieu, il avait jeté les yeux sur la province, examiné les positions, fouillé les villes, et trouvé ce qu'il lui fallait sur les bords de la Meuse, dans une maison toute gothique, mais assez bien tenue.

Ce qu'il cherchait c'était une vieille plaideuse et un vieux procès.

La vieille plaideuse était la comtesse de Béarn.

Le vieux procès était une affaire d'où dépendait toute sa fortune, et qui relevait de M. de Maupeou, tout récemment rallié à Madame Dubarry, avec laquelle il avait découvert un degré de parenté inconnu jusque-là, et qu'il appelait en conséquence sa cousine. M. de Maupeou, dans la prévision de la chancellerie, avait pour la favorite toute la ferveur d'une amitié de la veille et d'un intérêt du lendemain, amitié et intérêt qui l'avaient fait nommer vice-chancelier par le roi, et par abréviation, *le vice* par tout le monde.

Madame de Béarn était bien réellement une vieille plaideuse fort semblable à la comtesse d'Escarbagnas ou à madame de Pimbèche, les deux bons types de cette époque-là, portant du reste, comme on le voit, un nom magnifique.

Agile, maigre, anguleuse, toujours sur le qui vive, toujours roulant des yeux de chat effaré, sous ses sourcils gris, madame de Béarn avait conservé le costume des femmes de sa jeunesse, et comme la mode toute capricieuse qu'elle soit, consent à redevenir raisonnable parfois, le costume des jeunes filles de 1740 se trouvait être un habit de vieille en 1770.

Amples guipures, mantelet dentelé, coiffes énormes, poches immenses, sac colossal et cravate de soie à fleurs, tel était le costume sous lequel Chon, la sœur bien-aimée et la confidente fidèle de madame Dubarry, avait trouvé madame de Béarn, lorsqu'elle se présenta chez elle sous le nom de mademoiselle Flageot, c'est-à-dire comme la fille de son avocat.

La vieille comtesse le portait, on sait s'il est question du costume, autant par goût que par économie. Elle n'était pas de ces gens qui rougissent de leur pauvreté, car sa pauvreté ne venait point de sa faute. Seulement elle regrettait de ne pas être riche pour laisser une fortune digne de son nom à son fils, jeune homme tout provincial, timide comme une jeune fille, et bien plus attaché aux douceurs de la vie matérielle qu'aux faveurs de la renommée.

Il lui restait d'ailleurs la ressource d'appeler mes terres les terres que son avocat disputait aux Saluces; mais, comme c'était une femme d'un grand sens, elle sentait bien que, s'il lui fallait emprunter sur ces terres-là, pas un usurier, et il y en avait d'audacieux en France à cette époque, pas un procureur, et il y en a eu de bien roués en tout temps, ne lui prêterait sur cette garantie, ou ne lui avancerait la moindre somme sur cette restitution.

C'est pourquoi, réduite au revenu des terres non engagées dans le procès et à leurs redevances, madame la comtesse de Béarn, riche de mille écus de rente à peu près, fuyait la cour, où l'on dépensait douze livres par jour, rien qu'à la location du carrosse qui traînait madame la solliciteuse chez messieurs les juges et chez messieurs les avocats.

Elle avait fui surtout parce qu'elle désespérait de tirer avant quatre ou cinq ans son dossier du carton où il attendait son tour. Aujourd'hui, les procès sont longs, mais enfin sans vivre l'âge d'un patriarche, celui qui en entame un, peut espérer de le voir finir, tandis qu'autrefois, un procès traversait deux ou trois générations, et, comme ces plantes fabuleuses des *Mille et une nuits,* ne fleurissait qu'au bout de deux ou trois cents ans.

Or, madame de Béarn ne voulait pas dévorer le reste de son patrimoine à essayer de récupérer les dix douxièmes engagés; c'était, comme nous l'avons dit, ce que, dans tous les temps, on appelle une femme du vieux temps, c'est-à-dire sagace, prudente, forte et avare.

Elle eut certainement dirigé elle-même son affaire, assigné, plaidé, exécuté, mieux que procureur, avocat ou huissier quelconque, mais elle avait nom Béarn, et ce nom mettait obstacle à beaucoup de choses. Il en résultait que, dévorée de regrets et d'angoisses, très-semblable au divin Achille, retiré sous sa tente, qui souffrait mille morts quand sonnait cette trompette à laquelle il feignait d'être sourd, madame de Béarn passait les journées à déchiffrer de vieux parchemins, ses lunettes sur le nez, et ses nuits à se draper dans sa robe de chambre de Perse, et ses cheveux gris au vent, à plaider devant son traversin la cause de cette succession revendiquée par les Saluces, cause qu'elle se gagnait toujours avec une éloquence dont elle était si satisfaite, qu'en circonstance pareille, elle la souhaitait à son avocat.

On comprend que, dans ces dispositions, l'arrivée de Chon, se présentant sous le nom de mademoiselle Flageot, causa un doux saisissement à madame de Béarn.

Le jeune comte était à l'armée.

On croit ce qu'on désire. Aussi madame de Béarn se laissa-t-elle prendre tout naturellement au récit de la jeune femme.

Il y avait bien cependant quelque ombre

de soupçon à concevoir, la comtesse connaissait depuis vingt ans Mᵉ Flageot, elle l'avait été visiter deux cents fois dans sa rue du Petit-Lion-Saint-Sauveur, et jamais elle n'avait remarqué sur le tapis quadrilatère qui lui avait paru si exigu pour l'immensité du cabinet, jamais, disons-nous, elle n'avait remarqué sur ce tapis les yeux d'un enfant habile à venir chercher les pastilles dans les boîtes des clients et des clientes.

Mais il s'agissait bien de penser au tapis du procureur, il s'agissait bien de retrouver l'enfant qui pouvait jouer dessus, il s'agissait bien enfin de creuser ses souvenirs :

mademoiselle Flageot était mademoiselle Flageot, voilà tout.

De plus, elle était mariée, et enfin, dernier rempart contre toute mauvaise pensée, elle ne venait pas exprès à Verdun, elle allait rejoindre son mari à Strasbourg.

Peut-être madame de Béarn eût-elle dû demander à mademoiselle Flageot la lettre qui l'accréditait auprès d'elle ; mais si un père ne peut pas envoyer sa fille, sa propre fille, sans lettre, à qui donc donnera-t-on une mission de confiance, et puis, encore un coup, à quoi bon de pareilles craintes? où aboutissaient de pareils soupçons? dans quel but faire soixante lieues pour débiter un pareil conte?

Si elle eût été riche, si, comme la femme d'un banquier, d'un fermier-général ou d'un partisan, elle eût dû emmener avec elle, équipages, vaisselle et diamants, elle eût pu penser que c'était un complot monté par des voleurs. Mais elle riait bien madame de Béarn, lorsqu'elle songeait parfois au désappointement qu'éprouveraient des voleurs assez mal avisés pour songer à elle.

Aussi, Chon, disparue avec sa toilette de bourgeoise, avec son mauvais petit cabriolet attelé d'un cheval, qu'elle avait pris à l'avant-dernière poste en y laissant sa chaise, madame de Béarn, convaincue que le moment était venu de faire un sacrifice, monta-t-elle à son tour dans un vieux carrosse, et pressa-t-elle les postillons de telle façon qu'elle passa à la Chaussée une heure avant la Dauphine, et qu'elle arriva à la barrière Saint-Denis cinq ou six heures à peine après mademoiselle Dubarry.

Comme la voyageuse avait fort peu de bagage, et que le plus pressant pour elle était d'aller aux informations, madame de Béarn fit arrêter sa chaise rue du Petit-Lion, à la porte de M⁰ Flageot.

Ce ne fut pas, on le pense bien, sans qu'un bon nombre de curieux, et les Parisiens le sont tous, ne s'arrêtât devant ce vénérable coche qui semblait sortir des écuries de Henri IV, dont il rappelait le véhicule favori par sa solidité, sa monumentale architecture et ses rideaux de cuir recoquevillés, courant avec des grincements affreux sur une tringle de cuivre verdâtre.

La rue du Petit-Lion n'est pas large. Madame de Béarn l'obstrua majestueusement, et ayant payé les postillons, leur ordonna de conduire la voiture à l'auberge où elle avait l'habitude de descendre, c'est-à-dire au *Coq chantant,* rue Saint-Germain-des-Prés.

Elle monta, se tenant à la corde graisseuse, l'escalier noir de M. Flageot; il y régnait une fraîcheur qui ne déplut point à la vieille, fatiguée par la rapidité et l'ardeur de la route.

Maître Flageot, lorsque sa servante Marguerite annonça madame la comtesse de Béarn, releva son haut-de-chausses, qu'il avait laissé tomber fort bas à cause de la chaleur, enfonça sur sa tête une perruque qu'on avait toujours soin de tenir à sa portée, et endossa une robe de chambre de bazin à côtes.

Ainsi paré, il s'avança souriant vers la porte. Mais, dans ce sourire perçait une nuance d'étonnement si prononcée que la comtesse se crut obligée de lui dire :

— Eh bien quoi ! mon cher monsieur Flageot, c'est moi.

— Oui dà, répondit M. Flageot, je le vois bien, madame la comtesse.

Alors, fermant pudiquement sa robe de chambre, l'avocat conduisit la comtesse à un fauteuil de cuir, dans le coin le plus clair du cabinet, tout en l'éloignant prudemment des papiers de son bureau, car il la savait curieuse.

— Maintenant, madame, dit galamment maître Flageot, voulez-vous bien me permettre de me réjouir d'une si agréable surprise.

Madame de Béarn, adossée au fond de son fauteuil, levait en ce moment les pieds pour laisser entre la terre et ses souliers de satin broché, l'intervalle nécessaire au passage d'un coussin de cuir que Marguerite posait devant elle. Elle se redressa rapidement.

— Comment, surprise ? dit-elle en pinçant son nez avec ses lunettes qu'elle venait de tirer de leur étui afin de mieux voir M. Flageot.

— Sans doute, je vous croyais dans vos terres, madame, répondit l'avocat, usant d'une aimable flatterie pour qualifier les trois arpents de potager de madame de Béarn.

— Comme vous voyez, j'y étais; mais à votre premier signal je les ai quittées.

— A mon premier signal? fit l'avocat étonné.

— A votre premier mot, à votre premier avis, à votre premier conseil, enfin, comme il vous plaira.

Les yeux de M. Flageot devinrent grands comme les lunettes de la comtesse.

— J'espère que j'ai fait diligence, continua celle-ci, et que vous devez être content de moi.

— Enchanté, madame, comme toujours ; mais permettez-moi de vous dire que je ne vois en aucune façon ce que j'ai à faire là-dedans.

— Comment! dit la comtesse, ce que vous avez à faire?... Tout, ou plutôt, c'est vous qui avez tout fait.

— Moi?

— Certainement, vous... Eh bien! nous avons donc du nouveau ici?

— Oh! oui, madame, on dit que le roi

médite un coup d'état à l'endroit du parlement. Mais pourrais-je vous offrir de prendre quelque chose?

— Il s'agit bien du roi, il s'agit bien de coup d'état.

— Et de quoi s'agit-il donc, madame?

— Il s'agit de mon procès. C'est à propos de mon procès que je vous demandais s'il n'y avait rien de nouveau.

— Oh! quant à cela, dit M. Flageot en secouant tristement la tête, rien, madame, absolument rien.

— C'est à dire rien....

— Non, rien.

—Rien, depuis que mademoiselle votre fille m'a parlé. Or, comme elle m'a parlé avant-hier, je comprends qu'il n'y ait pas grand'chose de nouveau depuis ce moment-là.

— Ma fille, madame?

— Oui.

— Vous avez dit ma fille?

— Sans doute, votre fille, celle que vous m'avez envoyée.

— Pardon, madame, dit M. Flageot, mais il est impossible que je vous aie envoyé ma fille.

— Impossible!

— Par une raison infiniment simple, c'est que je n'en ai pas.

— Vous êtes sûr? dit la comtesse.

— Madame, répondit M. Flageot, j'ai l'honneur d'être célibataire.

— Allons donc! fit la comtesse.

M. Flageot devint inquiet; il appela Marguerite pour qu'elle apportât les rafraîchissements offerts à la comtesse, et surtout pour qu'elle la surveillât.

— Pauvre femme, pensa-t-il, la tête lui aura tourné.

— Comment, dit la comtesse, vous n'avez pas une fille?

— Non, madame.

— Une fille mariée à Strasbourg?

— Non, madame, non, mille fois non.

— Et vous n'avez pas chargé cette fille, continua la comtesse poursuivant son idée, vous n'avez pas chargé cette fille de m'annoncer en passant que mon procès était mis au rôle?

— Non.

La comtesse bondit sur son fauteuil en frappant ses deux genoux de ses deux mains.

— Buvez un peu, madame la comtesse, dit M. Flageot, cela vous fera du bien.

En même temps il fit un signe à Marguerite, qui approcha deux verres de bière sur un plateau, mais la vieille dame n'avait plus soif, elle repoussa le plateau et les verres si rudement, que mademoiselle Marguerite, qui paraissait avoir quelques priviléges dans la maison, en fut blessée.

— Voyons, voyons, dit la comtesse, en regardant M. Flageot par-dessous ses lunettes, expliquons-nous un peu, s'il vous plaît.

— Je le veux bien, dit M. Flageot; demeurez, Marguerite; madame consentira peut-être à boire tout à l'heure; expliquons-nous.

— Oui, expliquons-nous, si vous le voulez bien, car vous êtes inconcevable aujourd'hui, mon cher M. Flageot, on dirait, ma parole, que la tête vous a tourné depuis les chaleurs.

— Ne vous irritez pas, madame, dit l'avocat en faisant manœuvrer son fauteuil sur les deux pieds de derrière pour s'éloigner de la comtesse, ne vous irritez pas et causons.

— Oui, causons. Vous dites que vous n'avez pas de fille, M. Flageot.

— Non, madame, et je le regrette bien sincèrement, puisque cela paraissait vous être agréable, quoique....

— Quoique, répéta la comtesse.

— Quoique, pour moi, j'aimerais mieux un garçon, les garçons réussissent mieux ou plutôt tournent moins mal dans ces temps-ci.

Madame de Béarn joignit les deux mains avec une profonde inquiétude.

— Quoi, dit-elle, vous ne m'avez pas fait mander à Paris par une sœur, une nièce, une cousine quelconque?

— Je n'y ai jamais songé, madame, sachant combien le séjour de Paris est dispendieux.

— Mais mon affaire ?

— Je me réserve de vous tenir au courant quand elle sera appelée, madame.

— Comment, quand elle sera appelée ?

— Oui.

— Elle ne l'est donc pas ?

— Pas que je sache, madame.

— Mon procès n'est pas évoqué.

— Non.

— Et il n'est pas question d'un prochain appel ?

—Non, madame! mon Dieu, non!

— Alors, s'écria la vieille dame en se levant, alors on m'a jouée, on s'est indignement moqué de moi.

M. Flageot hissa sa perruque sur le haut de son front en marmottant :

— J'en ai bien peur, madame.

— Maître Flageot! s'écria la comtesse.

L'avocat bondit sur sa chaise et fit un signe à Marguerite, laquelle se tint prête à soutenir son maître.

—Maître Flageot, continua la comtesse, je ne tolérerai pas cette humiliation, et je m'adresserai à M. le lieutenant de police pour qu'en retrouve la perronnelle qui a commis cette insulte vis-à-vis de moi.

— Peuh! fit M. Flageot; c'est bien chanceux.

— Une fois trouvée, continua la comtesse, emportée par la colère, j'intenterai une action.

— Encore un procès! dit tristement l'avocat.

Ces mots firent tomber la plaideuse du haut de sa fureur : la chute fut lourde.

—Hélas! dit-elle, j'arrivais si heureuse!

—Mais que vous a donc dit cette femme madame?

— D'abord, qu'elle venait de votre part.

— Affreuse intrigante!

—Et de votre part elle m'annonçait l'évoaction de mon affaire; c'était imminent; je ne pouvais faire assez grande diligence, ou je risquais d'arriver trop tard.

— Hélas! répéta M. Flageot à son tour, nous sommes loin d'être évoqués, madame.

— Nous sommes oubliés, n'est-ce pas?

—Oubliés, ensevelis, enterrés, madame,

et à moins d'un miracle, et vous le savez, les miracles sont rares....

— Oh! oui, murmura la comtesse avec un soupir.

M. Flageot répondit par un autre soupir modulé sur celui de la comtesse.

— Tenez, monsieur Flageot, continua madame de Béarn, voulez-vous que je vous dise une chose?

— Dites, madame.

— Je n'y survivrai pas.

— Oh! quant à cela, vous auriez tort.

— Mon Dieu! mon Dieu! dit la pauvre comtesse, je suis au bout de ma force.

—Courage, madame, courage, dit Flageot.

— Mais n'avez-vous pas un conseil à me donner ?

— Oh ! si fait : celui de retourner dans vos terres, et de ne plus croire désormais ceux qui se présenteront de ma part sans un mot de moi.

— Il faudra bien que j'y retourne dans mes terres.

— Ce sera sage.

— Mais croyez-moi, monsieur Flageot, gémit la comtesse, nous ne nous reverrons plus, en ce monde, du moins.

— Quelle scélératesse !

— Mais j'ai donc de bien cruels ennemis ?

— C'est un tour des Saluces, j'en jurerais.

— Le tour est bien mesquin, en tout cas.

— Oui, c'est faible, dit M. Flageot.

— Oh ! la justice, la justice ! s'écria la comtesse, mon cher M. Flageot, c'est l'antre de Cacus.

— Pourquoi? dit celui-ci, parce que la justice n'est plus elle-même, parce qu'on travaille le parlement! parce que M. de Maupeou a voulu devenir chancelier au lieu de rester président.

— M. Flageot, je boirais bien à présent.

— Marguerite, cria l'avocat.

Marguerite rentra. Elle était sortie, voyant le tour pacifique que prenait la conversation.

Elle rentra, disons-nous, tenant le plateau et les deux verres qu'elle avait emportés. Madame de Béarn but lentement son verre de bière, après avoir honoré son avocat du choc de son gobelet, puis elle gagna l'antichambre après une triste révérence et des adieux plus tristes encore.

M. Flageot la suivait, sa perruque à la main.

Madame de Béarn était sur le palier et cherchait déjà la corde qui servait de rampe, lorsqu'une main se posa sur la sienne et qu'une tête donna dans sa poitrine.

Cette main et cette tête étaient celles d'un clerc qui escaladait quatre à quatre les roides marches de l'escalier.

La vieille comtesse, grondant et maugréant, rangea ses jupes et continua de descendre, tandis que le clerc, arrivé au palier à son tour, repoussait la porte en criant avec la voix franche et enjouée des basochiens de tous les temps :

— Voilà, maître Flageot, voilà; c'est pour l'affaire Béarn !

Et il lui tendit un papier.

Remonter à ce nom, repousser le clerc, se jeter sur maître Flageot, lui arracher le papier, bloquer l'avocat dans son cabinet, voilà ce que la vieille comtesse avait fait, avant que le clerc n'eût reçu deux soufflets que Marguerite lui appliquait ou faisait semblant de lui appliquer en riposte à deux baisers.

— Eh bien! s'écria la vieille dame, qu'est-ce qu'on dit donc là-dedans, maître Flageot?

—Ma foi, je n'en sais rien encore, madame la comtesse; mais, si vous voulez me rendre le papier, je vous le dirai.

— C'est vrai, mon bon M. Flageot, lisez, lisez vite.

Celui-ci regarda la signature du billet.

—C'est de maître Guildou, notre procureur, dit-il.

— Ah! mon Dieu!

— Il m'invite, continua maître Flageot avec une stupéfaction croissante, à me tenir prêt à plaider pour mardi, parce que notre affaire est évoquée.

— Évoquée! cria la comtesse en bondissant, évoquée! Ah! prenez garde, M. Flageot, ne plaisantons pas cette fois, je ne m'en relèverais plus.

— Madame, dit maître Flageot, tout abasourdi de la nouvelle, si quelqu'un plaisante, ce ne peut être que M. Guildou, et ce serait la première fois de sa vie.

— Mais est-ce bien de lui cette lettre?

— Il a signé Guildou, voyez.

— C'est vrai !... évoquée de ce matin, plaidée mardi. Ah ! ça, maître Flageot, cette dame qui m'est venue voir n'était donc pas une intrigante ?

— Il paraît que non.

— Mais puisqu'elle ne m'était pas envoyée par vous. Vous êtes sûr qu'elle ne ne m'était pas envoyée par vous ?

— Pardieu ! si j'en suis sûr !

— Par qui donc m'était-elle envoyée ?

— Oui, par qui ?

— Car enfin elle était envoyée par quelqu'un.

— Je m'y perds.

— Et moi je m'y noie.

— Ah! laissez-moi relire encore, mon cher M. Flageot : évoquée, plaidée, c'est écrit plaidée devant M. le président Maupeou.

— Diable ! cela y est-il ?

— Sans doute.

— C'est fâcheux !

— Pourquoi cela ?

— Parce que c'est un grand ami des Saluces que M. le président Meaupou.

— Vous le savez ?

— Il n'en sort pas.

— Bon, nous voilà plus embarrassés que jamais. J'ai du malheur.

— Et cependant, dit maître Flageot, il n'y a pas à dire, il faut l'aller voir.

— Mais il me recevra horriblement.

— C'est probable.

— Ah ! maître Flageot, que me dites-vous-là ?

— La vérité, madame.

— Quoi ! non-seulement vous perdez

courage, mais encore vous m'ôtez celui que j'avais.

— Devant M. de Maupeou, il ne peut rien vous arriver de bon.

— Faible à ce point, vous, un Cicéron !

— Cicéron eût perdu la cause de Ligarius, s'il eût plaidé devant Verrès, au lieu de parler devant César, répondit maître Flageot qui ne trouvait que cela de modeste à répondre pour repousser l'honneur insigne que sa cliente venait de lui faire.

— Alors vous me conseillez de ne pas l'aller voir.

— A Dieu ne plaise, madame, de vous conseiller une pareille irrégularité ; seulement je vous plains d'être forcée à une pareille entrevue.

— Vous me parlez là, monsieur Flageot comme un soldat qui songe à déserter son poste. On dirait que vous craignez de vous charger de l'affaire.

— Madame, répondit l'avocat, j'en ai perdu quelques-unes dans ma vie, qui avaient plus de chance de gain que celle-là.

La comtesse soupira, mais rappelant toute son énergie:

— J'irai jusqu'au bout, dit-elle avec une sorte de dignité, qui contrasta avec la physionomie comique de cet entretien, il ne sera pas dit qu'ayant le droit ; j'aurai reculé devant la brigue. Je perdrai mon procès, mais j'aurai montré aux prévaricateurs le front d'une femme de qualité comme il n'en reste pas beaucoup à la cour d'aujourd'hui. Me donnez-vous le bras, monsieur Flageot, pour m'accompagner chez votre vice-chancelier ?

— Madame, dit maître Flageot, appelant, lui aussi, à son aide toute sa dignité, madame, nous nous sommes juré, nous membres opposants du parlement de

Paris, de ne plus avoir de rapports, en deçà des audiences, avec ceux qui ont abandonné les parlements dans l'affaire de M. d'Aiguillon. L'union fait la force; et comme M. de Meaupeou a louvoyé dans toute cette affaire, comme nous avons à nous plaindre de lui, nous resterons dans nos camps jusqu'à ce qu'il ait arboré une couleur.

— Mon procès arrive mal, à ce que je vois, soupira la comtesse; des avocats brouillés avec leurs juges, des juges brouillés avec leurs clients... C'est égal je persévérerai.

— Dieu vous assiste, madame, dit l'avocat en rejetant sa robe de chambre sur son bras gauche, comme un sénateur romain eût fait de sa toge.

— Voici un triste avocat, murmura en elle-même madame de Béarn. J'ai peur d'avoir moins de chance avec lui devant le parlement, que je n'en avais là-bas devant, mon traversin.

Puis tout haut avec un sourire sous lequel elle essayait de dissimuler son inquiétude :

— Adieu, maître Flagot, continua-t-elle, étudiez bien la cause, je vous prie, on ne sait pas ce qui peut arriver.

— Oh ! madame, dit maître Flageot, ce n'est point le plaidoyer qui m'embarrasse. Il sera beau, je le crois, d'autant plus beau que je me promets d'y mêler des allusions terribles.

— A quoi, monsieur, à quoi ?

— A la corruption de Jérusalem, madame, que je comparerai aux villes maudites, et sur qui j'appellerai le feu du ciel. Vous comprenez, madame, que personne ne s'y trompera, et que Jérusalem sera Versailles.

— Monsieur Flageot, s'écria la vieille dame, ne vous compromettez pas, ou plutôt ne compromettez pas ma cause !

— Eh! madame, elle est perdue avec M. de Maupeou, votre cause : il ne s'agit donc plus que de la gagner devant nos contemporains, et puisque l'on ne nous fait pas justice, faisons scandale !

— Monsieur Flageot...

— Madame soyons philosophes... tonnons !

— Le diable te tonne, va ! grommela la comtesse, méchant avocassier, qui ne voit dans tout cela qu'un moyen de te draper dans tes loques philosophiques. Allons chez M. de Meaupeou, il n'est pas philosophe, lui, et j'en aurai peut-être meilleur marché que de toi !

Et la vieille comtesse quitta maître Flageot et s'éloigna de la rue du Petit-Lion Saint-Sauveur, après avoir parcouru en deux jours tous les degrés de l'échelle des espérances et des désappointements.

VI

Le vice.

La vieille comtesse tremblait de tous ses membres en se rendant chez M. de Maupeou.

Cependant une réflexion propre à la tranquilliser lui était venue en chemin.

Selon toute probabilité, l'heure avancée ne permettrait pas à M. de Maupeou de la recevoir, et elle se contenterait d'annoncer sa visite prochaine au suisse.

En effet il pouvait être sept heures du soir, et quoiqu'il fît jour encore, l'habitude de dîner à quatre heures, déjà répandue dans la noblesse, interrompait, en général, toute affaire depuis le dîner jusqu'au lendemain.

Madame de Béarn, qui désirait ardemment de rencontrer le vice-chancelier, fut cependant consolée à cette idée qu'elle ne le trouverait pas. C'est là une de ces fréquentes contradictions de l'esprit humain, que l'on comprendra toujours sans les expliquer jamais.

La comtesse se présenta donc comptant que le suisse allait l'évincer. Elle avait préparé un écu de trois livres pour adoucir le cerbère et l'engager à présenter son nom sur la liste des audiences demandées.

En arrivant en face de l'hôtel, elle trouva le suisse causant avec un huissier, lequel semblait lui donner un ordre. Elle attendit discrètement, de peur que sa présence ne dérangeât les deux interlocuteurs; mais, en l'apercevant dans son carrosse de louage, l'huissier se retira.

Le suisse alors s'approcha du carrosse et demanda le nom de la solliciteuse.

— Oh ! je sais, dit-elle, que je n'aurai probablement pas l'honneur de voir Son Excellence.

— N'importe, madame, répondit le suisse, faites-moi toujours l'honneur de me dire comment vous vous nommez.

— Comtesse de Béarn, répondit-elle.

— Monseigneur est à l'hôtel, répliqua le suisse.

— Plaît-il? fit madame de Béarn au comble de l'étonnement.

— Je dis que monseigneur est à l'hôtel, répéta celui-ci.

— Mais, sans doute, monseigneur ne reçoit pas.

— Il recevra madame la comtesse, dit le suisse.

Madame de Béarn descendit, ne sachant point si elle dormait ou veillait. Le suisse tira un cordon qui fit deux fois résonner une cloche. L'huissier parut sur le perron, et le suisse fit signe à la comtesse qu'elle pouvait entrer.

— Vous voulez parler à monseigneur, madame? demanda l'huissier.

— C'est à dire, monsieur, que je désirais cette faveur sans oser l'espérer.

— Veuillez me suivre, madame la comtesse.

— On disait tant de mal de ce magistrat! pensa la comtesse en suivant l'huissier; il a cependant une grande qualité, c'est d'être abordable à toute heure. Un chancelier!... c'est étrange.

Et tout en marchant, elle frémissait à l'idée de trouver un homme d'autant plus revêche, d'autant plus disgracieux, qu'il se donnait ce privilége par l'assiduité à ses devoirs. M. de Maupeou, enseveli sous une vaste perruque et vêtu de l'habit de velours noir, travaillait dans un cabinet, portes ouvertes.

La comtesse, en entrant, jeta un regard rapide autour d'elle, mais elle vit avec surprise qu'elle était seule, et que nulle autre figure que la sienne et celle du maigre, jaune et affairé chancelier ne se réfléchissait dans les glaces.

L'huissier annonça madame la comtesse de Béarn.

M. de Maupeou se leva tout d'une pièce et se trouva du même mouvement adossé à sa cheminée.

Madame de Béarn fit les trois révérences de rigueur.

Le petit compliment qui suivit les révérences fut quelque peu embarrassé. Elle ne s'attendait pas à l'honneur.... elle ne croyait pas qu'un ministre si occupé eût le courage de prendre sur les heures de son repos.....

M. de Maupeou répliqua que le temps n'était pas moins précieux pour les sujets de Sa Majesté que pour ses ministres, que cependant il y avait encore des distinctions à faire entre les gens pressés, qu'en conséquence il donnait toujours son meilleur reste à ceux qui méritaient ces distinctions.

Nouvelles révérences de madame de Béarn, puis silence embarrassé, car là devaient cesser les compliments et commencer les requêtes.

M. de Maupeou attendait en se caressant le menton.

— Monseigneur, dit la plaideuse, j'ai voulu me présenter devant Votre Excellence, pour lui exposer très-humblement une grave affaire de laquelle dépend toute ma fortune.

M. de Maupeou fit de la tête un léger signe qui voulait dire :

— Parlez.

— En effet, monseigneur, reprit-elle, vous saurez que toute ma fortune, ou plutôt celle de mon fils est intéressée dans le procès que je soutiens en ce moment contre la famille Saluces.

Le vice-chancelier continua de se caresser le menton.

— Mais votre équité m'est si bien connue, monseigneur, que tout en connaissant l'intérêt, je dirai même l'amitié que Votre Excellence porte à ma partie adverse, je n'ai pas hésité un seul instant à venir supplier Son Excellence de m'entendre.

M. de Maupeou ne put s'empêcher de

sourire en entendant louer son équité, cela ressemblait trop aux vertus apostoliques de Dubois, que l'on complimentait aussi sur ses vertus cinquante ans auparavant.

— Madame la comtesse, dit-il, vous avez raison de dire que je suis ami des Saluces; mais vous avez aussi raison de croire qu'en prenant les sceaux, j'ai déposé toute amitié. Je vous répondrai donc, en dehors de toute préoccupation particulière, comme il convient au chef souverain de la justice.

— Oh! monseigneur, soyez béni! s'écria la vieille comtesse.

— J'examine donc votre affaire en simple jurisconsulte, continua le chancelier.

— Et j'en remercie Votre Excellence, si habile en ces matières.

— Votre affaire vient bientôt, je crois?

— Elle est appelée la semaine prochaine, monseigneur.

— Maintenant, que désirez-vous?

— Que Votre Excellence prenne connaissance des pièces.

— C'est fait.

— Eh bien! demanda en tremblant la vieille comtesse, qu'en pensez-vous, monseigneur?

— De votre affaire?

— Oui.

— Je dis qu'il n'y a pas un seul doute à avoir.

— Comment? sur le gain?

— Non, sur la perte.

— Monseigneur dit que je perdrai ma cause?

— Indubitablement. Je vous donnerai donc un conseil.

— Lequel? demanda la comtesse avec un dernier espoir.

— C'est, si vous avez quelque payement à faire, le procès jugé, l'arrêt rendu....

— Eh bien !

— Eh bien ! c'est de tenir vos fonds près.

— Mais, monseigneur, nous sommes ruinés alors.

— Dam ! vous comprenez, madame la comtesse, que la justice ne peut entrer dans ces sortes de considérations.

— Cependant, monseigneur, à côté de la justice il y a la pitié.

— C'est justement pour cette raison, madame la comtesse, qu'on a fait la justice aveugle.

— Mais cependant, Votre Excellence ne me refusera point un conseil.

— Dam ! demandez. De quel genre le voulez-vous?

— N'y a-t-il aucun moyen d'entrer en arrangement, d'obtenir un arrêt plus doux ?

— Vous ne connaissez aucun de vos juges ? demanda le vice-chancelier.

— Aucun, monseigneur.

— C'est fâcheux ! messieurs de Saluces sont liés avec les trois quarts du parlement, eux !

La comtesse frémit.

— Notez bien continua le vice-chancelier que cela ne fait rien quant au fond des choses, car un juge ne se laisse pas entraîner par des influences particulières.

C'était aussi vrai que l'équité du chancelier et les fameuses vertus apostoliques de Dubois. La comtesse faillit s'évanouir.

— Mais enfin, continua le chancelier, la part faite de l'intégrité, le juge pense plus à son ami qu'à l'indifférent ; c'est trop juste lorsque c'est juste, et comme il sera juste que vous perdiez votre procès, madame, on pourra bien vous en rendre les conséquences aussi désagréables que possible.

— Mais c'est effrayant ce que Votre Excellence me fait l'honneur de me dire.

— Quant à moi, madame, continua M. de Maupeou, vous pensez bien que je m'abstiendrai; je n'ai pas de recommandation à faire aux juges, et comme je ne juge pas moi-même, je puis donc parler.

— Hélas! monseigneur, je me doutais bien d'une chose.

Le vice-président fixa sur la plaideuse ses petits yeux gris.

— C'est que MM. de Saluces habitant

Paris, MM. de Saluces sont liés avec tous mes juges, c'est que MM. de Saluces, enfin, seraient tout-puissants.

— Parce qu'ils ont le droit d'abord.

— Qu'il est cruel, monseigneur, d'entendre sortir ces paroles de la bouche d'un homme infaillible comme est Votre Excellence.

— Je vous dis tout cela, c'est vrai, et cependant, reprit avec une feinte bonhomie M. de Maupeou, je voudrais vous être utile, sur ma parole.

La comtesse tressaillit; il lui semblait voir quelque chose d'obscur, sinon dans les paroles, du moins dans la pensée du vice-président ; et que si cette obscurité se dissipait, elle découvrirait derrière quelque chose de favorable.

— D'ailleurs continua M. de Maupeou, le nom que vous portez, et qui est un des beaux noms de France, est auprès de moi une recommandation très-efficace.

— Qui ne m'empêchera pas de perdre mon procès, monseigneur.

— Dam ! je ne peux rien, moi.

— Oh ! monseigneur, monseigneur, dit la comtesse en hochant la tête, comme vont les choses !

— Vous semblez dire, madame, reprit en souriant M. de Maupeou, que de notre vieux temps elles allaient mieux.

— Hélas oui ! monseigneur, il me sem-semble cela du moins, et je me rappelle avec délices ce temps, où simple avocat du roi au parlement, vous prononciez ces belles harangues, que moi, jeune femme à cette époque, j'allais applaudir avec enthousiasme. Quel feu ! quelle éloquence ! quelle vertu ! Ah ! monsieur le chancelier, dans ce temps-là il n'y avait ni brigues ni faveurs, dans ce temps-là j'eusse gagné mon procès.

— Nous avions bien madame de Phalaris qui essayait de régner dans les moments où le régent fermait les yeux, et la Souris qui se fourrait partout pour essayer de grignotter quelque chose.

— Oh! monseigneur, madame de Phalaris était si grande dame et la Souris était si bonne fille.

— Qu'on ne pouvait rien leur refuser.

— Ou qu'elles ne savaient rien refuser.

— Ah madame la comtesse, dit le chancelier en riant d'un rire qui étonna de plus en plus la vieille plaideuse, tant il avait l'air franc et naturel, ne me faites pas mal parler de mon administration par amour pour ma jeunesse.

— Mais Votre Excellence ne peut cependant m'empêcher de pleurer ma fortune perdue, ma maison à jamais ruinée.

— Voilà ce que c'est de ne pas être de son temps, comtesse, sacrifiez aux idoles du jour, sacrifiez.

— Hélas, monseigneur, les idoles ne veulent pas de ceux qui viennent les adorer les mains vides.

— Qu'en savez-vous?

— Moi?

— Oui, vous n'avez pas essayé, ce me semble?

— Oh! monseigneur, vous êtes si bon, que vous me parlez comme un ami.

— Eh! nous sommes du même âge, comtesse.

— Que n'ai-je vingt ans, monseigneur, et que n'êtes-vous encore simple avocat. Vous plaideriez pour moi, et il n'y aurait pas de Saluces qui tinssent contre vous.

— Malheureusement, nous n'avons plus vingt ans, madame la comtesse, dit le vice-chancelier avec un galant soupir; il nous faut donc implorer ceux qui les ont, puisque vous avouez vous-même que c'est l'âge de l'influence... Quoi! vous ne connaissez personne à la cour?

— De vieux seigneurs retirés, qui rougiraient de leur ancienne amie... parce qu'elle est devenue pauvre. Tenez, monseigneur, j'ai mes entrées à Versailles, et j'irais si je voulais; mais à quoi bon? Ah! que je rentre dans mes deux cent mille livres, et l'on me recherchera. Faites ce miracle, monseigneur.

Le chancelier fit semblant de ne point entendre cette dernière phrase.

— A votre place, dit-il, j'oublierais les

vieux, comme les vieux vous oublient, et je m'adresserais aux jeunes qui tâchent de recruter des partisans. Connaissez-vous un peu Mesdames ?

— Elles m'ont oubliée.

— Et puis elles ne peuvent rien. Connaissez-vous le Dauphin ?

— Non.

— Et d'ailleurs, continua M. de Maupeou, il est trop occupé de son archiduchesse qui arrive pour penser à autre chose ; mais voyons parmi les favoris.

— Je ne sais plus même comment ils s'appellent.

— M. d'Aiguillon ?

— Un freluquet contre lequel on dit des choses indignes; qui s'est caché dans un moulin tandis que les autres se battaient... Fi donc !

— Bah ! fit le chancelier, il ne faut jamais croire que la moitié de ce que l'on dit. Cherchons encore.

— Cherchez, monseigneur, cherchez.

— Mais pourquoi pas? Oui... Non... Si fait...

— Dites, monseigneur, dites !

— Pourquoi ne pas vous adresser à la comtesse elle-même?

— A madame Dubarry? dit la plaideuse en ouvrant son éventail.

— Oui, elle est bonne au fond.

— En vérité!

— Et officieuse surtout.

— Je suis de trop vieille maison pour lui plaire, monseigneur.

— Eh bien! je crois que vous vous trompez, comtesse, elle cherche à se rallier les bonnes familles.

— Vous croyez? dit la vieille comtesse déjà chancelante dans son opposition.

— La connaissez-vous?

— Mon Dieu, non !

— Ah ! voilà le mal ! — J'espère qu'elle a du crédit celle-là ?

— Ah ! oui, elle a du crédit ! mais jamais je ne l'ai vue.

— Ni sa sœur Chon ?

— Non.

— Ni sa sœur Bischi ?

— Non.

— Ni son frère Jean ?

— Non.

— Ni son nègre Zamore ?

— Comment son nègre?

— Oui, son nègre est une puissance.

— Cette petite horreur dont on vend les portraits sur le Pont-Neuf et qui ressemble à un carlin habillé?

— Celui-là même.

— Moi, connaître ce moricaud, monseigneur! s'écria la comtesse offensée dans sa dignité, et comment voulez-vous que je l'aie connu?

— Allons, je vois que vous ne voulez pas garder vos terres, comtesse.

—Comment cela?

— Puisque vous méprisez Zamore.

— Mais que peut-il faire, Zamore, dans tout cela?

— Il peut vous faire gagner votre procès, voilà tout.

— Lui, ce Mozambique, me faire gagner mon procès! Et comment cela, je vous prie?

— En disant à sa maîtresse que cela lui fait plaisir que vous le gagniez. Vous savez les influences. Il fait tout ce qu'il veut de sa maîtresse, et sa maîtresse fait tout ce qu'elle veut du roi.

— Mais c'est donc Zamore qui gouverne la France ?

— Hum ! fit M. de Maupeou en hochant la tête, Zamore est bien influent, et j'aimerais mieux être brouillé avec… avec la Dauphine, par exemple, qu'avec lui.

— Jésus ! s'écria madame de Béarn, si ce n'était pas une personne aussi sérieuse que Votre Excellence qui me dise de pareilles choses !

— Eh ! mon Dieu, ce n'est pas seulement moi qui vous dirai cela, c'est tout le monde. Demandez aux ducs et pairs s'ils oublient en allant à Marly ou à Luciennes les dragées pour la bouche, ou les perles pour les oreilles de Zamore. Moi qui vous parle, n'est-ce pas, moi qui suis le chancelier de France, ou à peu près, eh bien! à quelle besogne croyez-vous que je m'occupais quand vous êtes arrivée ? je dressais pour lui des provisions de gouverneur.

— De gouverneur ?

— Oui; M. de Zamore est nommé gouverneur de Luciennes.

— Le même titre dont on a récompensé M. le comte de Béarn après vingt années de services ?

— En le faisant gouverneur du château de Blois ? oui, c'est cela.

— Quelle dégradation, mon Dieu! s'écria la vieille comtesse; mais la monarchie est donc perdue?

— Elle est bien malade au moins, comtesse; mais d'un malade qui va mourir, vous le savez, on tire ce que l'on peut.

— Sans doute, sans doute ; mais encore pouvoir s'approcher du malade.

— Savez-vous ce qu'il vous faudrait pour être bien reçue de madame Dubarry?

— Quoi donc?

— Il faudrait que vous fussiez admise à porter ce brevet à son nègre...

La belle entrée en matière !

— Vous croyez, monseigneur ? dit la comtesse consternée.

— J'en suis sûr, mais...

— Mais... répéta madame de Béarn.

— Mais vous ne connaissez personne auprès d'elle.

— Mais vous, monseigneur ?

— Eh ! moi...

— Oui.

— Moi, je serais bien embarrassé.

— Allons, décidément, dit la pauvre

vieille plaideuse, brisée par toutes ces alternatives, décidément la fortune ne veut plus rien faire pour moi. Voilà que Votre Excellence me reçoit comme je n'ai jamais été reçue, quand je n'espérais pas même avoir l'honneur de la voir. Eh bien ! il me manque encore quelque chose : non-seulement je suis disposée à faire la cour à madame Dubarry, moi une Béarn ! pour arriver jusqu'à elle, je suis disposée à me faire la commissionnaire de cet affreux négrillon, que je n'eusse pas honoré d'un coup de pied au derrière si je l'eusse rencontré dans la rue, et voilà que je ne puis pas même arriver jusqu'à ce petit monstre...

M. de Maupeou recommençait à se caresser le menton et paraissait chercher, quand tout à coup l'huissier annonça :

— M. le vicomte Jean Dubarry.

A ces mots le chancelier frappa dans ses mains en signe de stupéfaction, et la comtesse tomba sur un fauteuil sans pouls et sans haleine.

— Dites maintenant que vous êtes abandonnée de la fortune, madame, s'écria le chancelier. Ah! comtesse, comtesse, le ciel, au contraire, combat pour vous.

Puis, se retournant vers l'huissier

sans donner à la pauvre vieille le temps de se remettre de sa stupéfaction :

— Faites entrer, dit-il.

L'huissier se retira ; puis un instant après il revint précédant notre connaissance, Jean Dubarry, qui fit son entrée le jarret tendu et le bras en écharpe.

Après les saluts d'usage, et comme la comtesse, indécise et tremblante, essayait de se lever pour prendre congé, comme déjà le chancelier la saluait d'un léger mouvement de tête, indiquant par ce signe que l'audience était finie :

— Pardon, monseigneur, dit le vicomte,

pardon, madame, je vous dérange, excusez-moi ; demeurez, madame, je vous prie... Avec le bon plaisir de Son Excellence, je n'ai que deux mots à lui dire.

La comtesse se rassit sans se faire prier, son cœur nageait dans la joie et battait d'impatience.

— Mais peut-être vous gênerai-je, monsieur ? balbutia la comtesse.

— Oh ! mon Dieu non. Deux mots seulement à dire à Son Excellence, dix minutes de son précieux travail à lui enlever ; le temps de porter plainte.

— Plainte, dites-vous? fit le chancelier à monsieur Dubarry.

— Assassiné! monseigneur; oui, assassiné! Vous comprenez : je ne puis laisser passer ces sortes de choses-là. Qu'on nous vilipende, qu'on nous chansonne, qu'on nous noircisse, on survit à tout cela; mais qu'on ne nous égorge pas, mordieu! on en meurt.

— Expliquez-vous, monsieur, dit le chancelier en jouant l'effroi.

— Ce sera bientôt fait. Mais, mon Dieu, j'interromps l'audience de madame.

— Madame la comtesse de Béarn, fit le

chancelier, en présentant la vieille dame à monsieur le vicomte Jean Dubarry.

Dubarry recula gracieusement pour sa révérence, la comtesse pour la sienne, et tous les deux se saluèrent avec autant de cérémonie qu'ils l'eussent fait à la cour.

— Après vous, monsieur le vicomte, dit-elle.

— Madame la comtesse, je n'ose commettre un crime de lèse-galanterie.

— Faites, monsieur, faites, il ne s'agit que d'argent pour moi, il s'agit d'honneur pour vous, vous êtes naturellement le plus pressé.

— Madame, dit le vicomte, je profiterai de votre gracieuse obligeance.

Et il raconta son affaire au chancelier, qui l'écouta gravement.

— Il vous faudrait des témoins, dit monsieur de Maupeou après un moment de silence.

— Ah! s'écria Dubarry, je reconnais bien là le juge intègre qui ne veut se laisser influencer que par l'irrécusable vérité. Eh bien! on vous en trouvera, des témoins...

— Monseigneur, dit la comtesse, il y en a déjà un qui est tout trouvé.

— Quel est ce témoin? demandèrent

ensemble le vicomte et monsieur de Maupeou.

— Moi! dit la comtesse.

— Vous, madame? fit le chancelier.

— Écoutez, monsieur, l'affaire ne s'est-elle pas passée au village de La Chaussée?

— Oui, madame.

— Au relai de la poste?

— Oui.

— Eh bien! je serai votre témoin. Je suis passée sur les lieux où l'attentat avait été commis, deux heures après cet attentat.

— Vraiment, madame? dit le chancelier.

— Ah! vous me comblez, dit le vicomte.

— A telles enseignes, poursuivit la comtesse, que tout le bourg racontait encore l'événement.

— Prenez garde! dit le vicomte, prenez garde! Si vous consentez à me servir en cette affaire, très-probablement les Choiseul trouveront un moyen de vous en faire repentir.

— Ah! fit le chancelier, cela leur serait d'autant plus facile que madame la comtesse a dans ce moment un procès dont le gain me paraît fort aventuré.

— Monseigneur, monseigneur, dit la vieille dame portant les mains à son front, je roule d'abîmes en abîmes.

— Appuyez-vous un peu sur monsieur, fit le chancelier à demi-voix, il vous prêtera un bras solide.

— Rien qu'un, fit Dubarry en minaudant, mais je connais quelqu'un qui en a deux bons et longs, et qui vous les offre.

— Ah! monsieur le vicomte, s'écria la vieille dame, cette offre est-elle sérieuse?

— Dam! service pour service, madame, j'accepte les vôtres, acceptez les miens. Est-ce dit?

— Si je les accepte, monsieur... Oh ! c'est trop de bonheur.

— Eh bien ! madame, je vais de ce pas rendre visite à ma sœur : daignez prendre une place dans ma voiture...

— Sans motifs, sans préparations. Oh ! monsieur, je n'oserais.

— Vous avez un motif, madame, dit le chancelier en glissant dans la main de la comtesse le brevet de Zamore.

— Monsieur le chancelier, s'écria la comtesse, vous êtes mon dieu tutélaire. Monsieur le vicomte, vous êtes la fleur de la noblesse française.

— A votre service, répéta encore le vicomte, en montrant le chemin à la comtesse, qui partit comme un oiseau.

— Merci pour ma sœur, dit tout bas Jean à monsieur de Maupeou ; merci, mon cousin. Mais, ai-je bien joué mon rôle, hein !

— Parfaitement, dit Maupeou. Mais racontez un peu aussi là-bas comment j'ai joué le mien. Au reste, prenez garde, la vieille est fine.

En ce moment la comtesse se retournait.

Les deux hommes se courbèrent pour un salut cérémonieux.

Un carrosse magnifique, aux livrées royales, attendait près du perron. La comtesse s'y installa toute gonflée d'orgueil. Jean fit un signe et l'on partit.

—

Après la sortie du roi de chez madame Dubarry, après une réception courte et maussade, comme le roi l'avait annoncée aux courtisans, la comtesse était restée enfin seule avec Chon et son frère, lequel ne s'était pas montré tout d'abord afin que l'on ne pût pas constater l'état de sa blessure, assez légère en réalité.

Le résultat du conseil de famille avait alors été que la comtesse, au lieu de partir pour Luciennes, comme elle avait dit au roi qu'elle allait le faire, était partie pour Paris. La comtesse avait là, dans la rue de Valois, un petit hôtel qui servait de pied à terre à toute cette famille, sans cesse courant par monts et par vaux, lorsque les affaires commandaient ou que les plaisirs retenaient.

La comtesse s'installa chez elle, prit un livre et attendit.

Pendant ce temps le vicomte dressa ses batteries.

Cependant la favorite n'avait pas eu le courage de traverser Paris sans mettre, de temps en temps, la tête à la portière. C'est un des instincts des jolies femmes de se montrer, parce qu'elles sentent qu'elles sont bonnes à voir. La comtesse se montra donc, de sorte que le bruit de son arrivée à Paris se répandit, et que de deux heures à six heures, elle reçut une vingtaine de visites. Ce fut un bienfait de la Providence pour cette pauvre comtesse, qui fût morte d'ennui si elle était restée seul ; mais grâce à cette distraction, le temps passa en médisant, en trônant et en coquetant.

On pouvait lire sept heures et demie au large cadran lorsque le vicomte passa devant l'église Saint-Eustache, emmenant la comtesse de Béarn chez sa sœur.

La conversation dans le carrosse exprima toutes les hésitations de la comtesse à profiter d'une si bonne fortune.

De la part du vicomte, c'était l'affectation d'une certaine dignité de protectorat et des admirations sans nombre sur le hasard singulier qui procurait à madame de Béarn la connaissance de madame Dubarry.

De son côté, madame de Béarn ne tarissait point sur la politesse et l'affabilité du vice-chancelier.

Malgré ces mensonges réciproques, les chevaux n'en avançaient pas moins vite, et l'on arriva chez la comtesse à huit heures moins quelques minutes.

— Permettez, madame, dit le vicomte laissant la vieille dame dans un salon d'attente, permettez que je prévienne madame Dubarry de l'honneur qui l'attend.

—Oh! monsieur, dit la comtesse, je ne souffrirai vraiment pas qu'on la dérange.

Jean s'approcha de Zamore qui avait guetté aux fenêtres du vestibule l'arrivée du vicomte, et lui donna un ordre tout bas.

— Oh! le charmant petit négrillon, s'écria la comtesse. Est-ce à madame votre sœur?

— Oui, madame; c'est un de ses favoris, dit le vicomte.

— Je lui en fais bien mon compliment.

Presqu'au même moment, les deux battants du salon d'attente s'ouvrirent, et le valet de pied introduisit la comtesse de Bearn dans le grand salon où madame Dubarry donnait ses audiences.

Pendant que la plaideuse examinait en soupirant le luxe de cette délicieuse retraite, Jean Dubarry était allé trouver sa sœur.

— Est-ce elle? demanda la comtesse.

— En chair et en os.

— Elle ne se doute de rien?

— De rien au monde.

— Et le Vice?

— Parfait. Tout conspire pour nous, chère amie.

— Ne restons pas plus longtemps ensemble alors, qu'elle ne se doute de rien.

— Vous avez raison, car elle m'a l'air d'une fine mouche. Où est Chon?

— Mais vous le savez bien, à Versailles.

— Qu'elle ne se montre pas surtout.

— Je le lui ai bien recommandé.

—Allons, faites votre entrée, princesse.

Madame Dubarry poussa la porte de son boudoir, et entra.

Toutes les cérémonies d'étiquette, déployées en pareil cas à l'époque où se passent les événements que nous racontons, furent scrupuleusement accomplies par ces deux actrices, préoccupées du désir de se plaire l'une à l'autre.

Ce fut madame Dubarry qui la première prit la parole.

— J'ai déjà remercié mon frère, madame, dit-elle, lorsqu'il m'a procuré l'honneur de votre visite; c'est vous que je remercie à présent d'avoir bien voulu penser à me la faire.

— Et moi, madame, répondit la plaideuse charmée, je ne sais quels termes employer pour vous exprimer toute ma reconnaissance du gracieux accueil que vous me faites.

— Madame, fit à son tour la comtesse avec une révérence respectueuse, c'est mon devoir envers une dame de votre qualité que de me mettre à sa disposition, si je pouvais lui être bonne à quelque chose.

Et les trois révérences accomplies de part et d'autre, la comtesse Dubarry indiqua un fauteuil à madame de Béarn, et en prit un pour elle-même.

VII

Le brevet de Zamore.

—Madame, dit la favorite à la comtesse, parlez, je vous écoute.

Permettez, ma sœur, dit Jean demeuré debout, permettez que j'empêche madame d'avoir l'air de vous solliciter; madame n'y pensait pas le moins du monde, monsieur le chancelier l'a chargée d'une commission pour vous, voilà tout.

Madame de Béarn jeta un regard plein de reconnaissance sur Jean, et tendit à la comtesse le brevet signé par le vice-chancelier, lequel brevet érigeait Luciennes en château royal, et confiait à Zamore le titre de son gouverneur.

— C'est donc moi qui suis votre obligée, madame, dit la comtesse après avoir jeté un coup d'œil sur le brevet, et si j'étais assez heureuse pour trouver une occasion de vous être agréable à mon tour....

— Oh! ce sera facile, madame, s'écria

la plaideuse avec une vivacité qui enchanta les deux associés.

— Comment cela, madame? dites, je vous prie.

— Puisque vous voulez bien me dire, madame, que mon nom ne vous est pas tout à fait inconnu....

— Comment donc, une Béarn!

— Eh bien! vous avez peut-être entendu parler d'un procès qui laisse vagues les biens de ma maison.

— Disputés par messieurs de Saluces, je crois?

— Hélas! oui, madame.

— Oui, oui, je connais cette affaire, dit la comtesse, Sa Majesté en parlait l'autre soir chez moi à mon cousin, monsieur de Maupeou.

— Sa Majesté! s'écria la plaideuse, Sa Majesté a parlé de mon procès?

— Oui, madame.

— Et en quels termes?

— Hélas! pauvre comtesse, s'écria à son tour madame Dubarry, en secouant la tête.

— Ah! procès perdu, n'est-ce pas? fit la vieille plaideuse avec angoisses.

— S'il faut vous dire la vérité, je le crains bien, madame.

— Sa Majesté l'a dit?

— Sa Majesté, sans se prononcer, car elle est pleine de prudence et de délicatesse, Sa Majesté semblait regarder ces biens comme déjà acquis à la famille de Saluces.

— Oh! mon Dieu, mon Dieu, madame, si Sa Majesté était au courant de l'affaire, si elle savait que c'est par cession à la suite d'une obligation remboursée. Oui, madame, remboursée; les deux cent mille francs ont été rendus. Je n'en ai pas les reçus certainement, mais j'en ai les preuves morales, et si je pouvais devant le parlement plaider moi-même, je démontrerais par déduction....

— Par déduction, interrompit la comtesse qui ne comprenait absolument rien à ce que lui disait madame de Béarn, mais qui paraissait néanmoins donner la plus sérieuse attention à son plaidoyer.

— Oui, madame, par déduction.

— La preuve par déduction est admise, dit Jean.

— Ah! le croyez-vous, monsieur le vicomte? s'écria la vieille.

— Je le crois, répondit le vicomte avec une suprême gravité.

— Eh bien! par déduction, je prouverais que cette obligation de deux cent mille livres, qui, avec les intérêts accumulés, forme aujourd'hui un capital de plus d'un million, je prouverais que cette obligation, en date de 1406, a dû être remboursée par Guy Gaston IV, comte de Béarn, à son lit de mort, en 1417, puisqu'on trouve de sa main, dans son testament « Sur mon lit de mort, *ne devant plus rien aux hommes*, et prêt à paraître devant Dieu. »

—Eh bien? dit la comtesse.

— Eh bien! vous comprenez ; s'il ne devait plus rien aux hommes, c'est qu'il s'était acquitté avec les Saluces. Sans cela, il aurait dit : devant 200,000 livres, au lieu de dire : ne devant rien.

— Incontestablement il l'eût dit, interrompit Jean.

— Mais vous n'avez pas d'autre preuve ?

— Que la parole de Gaston IV, non, madame ; mais c'est celui que l'on appelait l'Irréprochable.

— Tandis que vos adversaires ont l'obligation.

— Oui, je le sais bien, dit la vieille, et

voilà justement ce qui embrouille le procès.

Elle aurait dû dire ce qui l'éclaircit, mais madame de Béarn voyait les choses à son point de vue.

— Ainsi, votre conviction, à vous, madame, c'est que les Saluces sont remboursés? dit Jean.

— Oui, monsieur le vicomte, dit madame de Béarn avec élan, c'est ma conviction.

— Eh mais! reprit la comtesse, en se tournant vers son frère d'un air pénétré, savez-vous, Jean, que cette déduction, comme dit madame de Béarn, change terriblement l'aspect des choses.

— Terriblement, oui, madame, reprit Jean.

—Terriblement pour mes adversaires, continua la comtesse; les termes du testament de Gaston IV sont positifs : ne devant plus rien aux hommes.

—Non-seulement c'est clair, mais c'est logique, dit Jean. Il ne devait plus rien aux hommes; donc il avait payé ce qu'il leur devait.

— Donc il avait payé, répéta à son tour madame Dubarry.

— Ah! madame, que n'êtes-vous mon juge? s'écria la vieille comtesse.

— Autrefois, dit le vicomte Jean, dans un cas pareil on n'eût pas eu recours aux tribunaux, et le jugement de Dieu eût vidé l'affaire. Quant à moi, j'ai une telle confiance dans la bonté de la cause que je jure, si un pareil moyen était encore en usage, que je m'offrirais pour le champion de madame.

— Oh! monsieur!

— C'est comme cela; d'ailleurs je ne ferais que ce que fit mon aïeul Dubarry Moore, qui eut l'honneur de s'allier à la famille royale de Stuart, lorsqu'il combattit en champ clos pour la jeune et belle Edith de Scarborough, et qu'il fit avouer à son adversaire qu'il en avait menti par la gorge. Mais, malheureusement, continua le vicomte avec un soupir de dédain, nous ne vivons plus dans ces glorieux temps, et les gentilshommes, lorsqu'ils discutent leurs droits, doivent aujourd'hui soumettre la cause au jugement d'un tas de robins, qui ne comprennent rien à une phrase aussi claire que celle-ci : Ne devant plus rien aux hommes.

— Ecoutez donc, cher frère, il y a trois cents ans passés que cette phrase a été écrite, hasarda madame Dubarry, et il faut faire la part de ce qu'au palais on appelle, je crois, la prescription.

— N'importe, n'importe, dit Jean, je suis convaincu que si Sa Majesté entendait madame exposer son affaire, comme elle vient de le faire devant nous....

— Oh! je la convaincrais, n'est-ce pas, monsieur? j'en suis sûre.

— Et moi aussi.

— Oui, mais comment me faire entendre?

— Il faudrait pour cela que vous me

fissiez l'honneur de me venir voir un jour à Luciennes, et comme Sa Majesté me fait la grâce de m'y visiter assez souvent....

— Oui, sans doute, ma chère, mais tout cela dépend du hasard.

— Vicomte, dit la comtesse avec un charmant sourire, vous savez que je me fie assez au hasard. Je n'ai point à m'en plaindre.

— Et cependant le hasard peut faire que de huit jours, de quinze jours, de trois semaines, madame ne se rencontre pas avec Sa Majesté.

— C'est vrai.

— En attendant, son procès se juge lundi ou mardi.

— Mardi, monsieur.

— Et nous sommes à vendredi soir.

— Oh alors! dit madame Dubarry d'un air désespéré, il ne faut plus compter là-dessus.

— Comment faire? dit le vicomte paraissant rêver profondément, diable! diable!

— Une audience à Versailles? dit timidement madame de Béarn.

— Oh! vous ne l'obtiendrez pas.

— Avec votre protection, madame?

— Oh! ma protection n'y ferait rien; Sa Majesté a horreur des choses officielles, et, dans ce moment-ci, elle n'est préoccupée que d'une seule affaire.

— Celle des parlements? demanda madame de Béarn.

— Non, celle de ma présentation.

— Ah! fit la vieille plaideuse.

— Car, vous savez, madame, que malgré l'opposition de M. de Choiseul, malgré les intrigues de M. de Praslin, et malgré les avances de madame de Grammont, le roi a décidé que je serais présentée.

— Non, non, madame, je ne le savais pas, dit la plaideuse.

— Oh! mon Dieu oui, décidé, dit Jean.

— Et quand aura lieu cette présentation, madame?

— Très-prochainement.

— Voilà... le roi veut que la chose ait lieu avant l'arrivée de madame la Dauphine, afin de pouvoir emmener ma sœur aux fêtes de Compiègne.

— Ah! je comprends. Alors, madame est en mesure d'être présentée? fit timidement la comtesse.

— Mon Dieu, oui. Madame la baronne d'Alogny, connaissez-vous la baronne d'Alogny?

— Non, monsieur. Hélas! je ne connais plus personne; il y a vingt ans que j'ai quitté la cour.

— Eh bien!. c'est madame la baronne d'Alogny qui lui sert de marraine. Le roi la comble, cette chère baronne ; son mari est chambellan, son fils passe aux gardes avec promesse de la première lieutenance; sa baronie est érigée en comté, les bons sur la cassette du roi sont permutés contre des actions de la ville, et le soir de la présentation elle recevra vingt mille écus comptant. Aussi elle presse, elle presse.

— Je comprends cela, dit la comtesse de Béarn avec un gracieux sourire.

— Ah! mais j'y pense, s'écria Jean.

— A quoi? demanda madame Dubarry.

— Quel malheur! ajouta-t-il en bondissant sur son fauteuil, quel malheur que je n'aie pas rencontré huit jours plus tôt madame chez notre cousin le vice-chancelier.

— Eh bien?

— Eh bién! nous n'avions aucun engagement avec la baronne d'Alogny à cette époque-là.

— Mon cher, dit madame Dubarry, vous parlez comme un sphinx, et je ne vous comprends pas.

— Vous ne comprenez pas?

— Non.

— Je parie que madame comprend.

— Pardon, monsieur, mais je cherche en vain.

— Il y a huit jours vous n'aviez pas de marraine?

— Sans doute.

— Eh bien! madame, — je m'avance peut-être trop?

— Non, monsieur, dites.

— Madame vous en eût servi; et ce qu'il fait pour madame d'Alogny, le roi l'eût fait pour madame.

La plaideuse ouvrait de grands yeux.

— Hélas! dit-elle.

— Ah! si vous saviez, continua Jean, quelle grâce Sa Majesté a mise à lui accorder toutes ces faveurs? Il n'a pas été besoin de les lui demander, il a été audevant. Dès qu'on lui eut dit que la baronne d'Alogny s'offrait pour être marraine de

Jeanne : — A la bonne heure, a-t-il dit, je suis las de toutes ces drôlesses qui sont plus fières que moi, à ce qu'il paraît. — Comtesse, vous me présenterez cette femme, n'est-ce pas? A-t-elle un bon procès, un arriéré, une banqueroute?...

Les yeux de la comtesse se dilataient de plus en plus.

— Seulement, a ajouté le roi, une chose me fâche.

— Ah! une chose fâchait Sa Majesté?

— Oui, une seule. Une seule chose me fâche, c'est que pour présenter madame Dubarry j'eusse voulu un nom historique.

Et en disant ces paroles, Sa Majesté regardait le portrait de Charles Ier par Van Dyck.

— Oui, je comprends, dit la vieille plaideuse. Sa Majesté disait cela, à cause de cette alliance des Dubarry-Moore avec les Stuarts dont vous parliez tout à l'heure.

— Justement.

— Le fait est, dit madame de Béarn avec une intention impossible à rendre, le fait est que les d'Alogny, je n'ai jamais entendu parler de cela.

— Bonne famille, cependant, dit la comtesse qui a fourni ses preuves, ou à peu près.

— Ah! mon dieu! s'écria tout à coup Jean en se soulevant sur son fauteuil, à la force du poignet.

Eh bien! qu'avez-vous? fit madame Dubarry, après toutes les peines du monde à s'empêcher de rire en face des contorsions de son beau-frère.

— Monsieur s'est piqué peut-être? demanda la vieille plaideuse avec sollicitude.

— Non, dit Jean, en se laissant doucement retomber, non, c'est une idée qui me vient.

— Quelle idée? dit la comtesse en riant, elle vous a presque renversé.

— Elle doit être bien bonne! fit madame de Béarn.

— Excellente!

— Dites-nous-la alors.

— Seulement, elle n'a qu'un malheur.

— Lequel?

— Elle est impossible à exécuter.

— Dites toujours.

— En vérité, j'ai peur de laisser des regrets à quelqu'un.

— N'importe, allez, vicomte, allez.

— Je pensais que si vous faisiez part à

madame d'Alogny de cette observation que faisait le roi en regardant le portrait de Charles Ier.

— Oh! ce serait peu obligeant, vicomte.

— C'est vrai.

— Alors n'y pensons plus.

La plaideuse poussa un soupir.

— C'est fâcheux, continua le vicomte, comme se parlant à lui-même, les choses allaient toutes seules; Madame, qui a un grand nom et qui est une femme d'esprit, s'offrait à la place de la baronne d'Alogny. Elle gagnait son procès, M. de Béarn fils avait une lieutenance dans la maison, et comme madame a fait de grands frais pendant les différents voyages que ce procès l'a contrainte de faire à Paris, on lui donnait un dédommagement. Ah! une pareille fortune ne se rencontre pas deux fois dans la vie!.

— Hélas! non, hélas! non, ne put s'empêcher de dire madame de Béarn, étourdie par ce coup imprévu.

Le fait est que dans la position de la pauvre plaideuse, tout le monde eût dit comme elle, et, comme elle, fût resté écrasé dans le fond de son fauteuil.

— Là, vous voyez, mon frère, dit la

comtesse avec un accent de profonde commisération, vous voyez que vous avez affligé madame. N'était-ce pas assez à moi que de lui prouver que je ne pouvais rien demander au roi avant ma présentation?

— Oh! si je pouvais faire reculer mon procès !

— De huit jours seulement, dit Dubarry.

— Oui, de huit jours, dit madame de Béarn; dans huit jours, madame sera présentée.

— Oui, mais le roi sera à Compiègne,

dans huit jours; le roi sera au milieu des fêtes ; la Dauphine sera arrivée.

— C'est juste, c'est juste, dit Jean, mais...

— Quoi !

— Attendez donc ; encore une idée.

— Laquelle, monsieur, laquelle ? dit la plaideuse.

— Il me semble, oui, non, oui, oui, oui !

Madame de Béarn répétait avec anxiété les monosyllabes de Jean.

— Vous avez dit oui, monsieur le vicomte, fit-elle.

— Je crois que j'ai trouvé le joint.

— Dites.

— Écoutez ceci.

— Nous écoutons.

— Votre présentation est encore un secret, n'est-ce pas?

— Sans doute, madame seule...

— Oh! soyez tranquille! s'écria la plaideuse.

— Votre présentation est donc un secret. On ignore que vous ayez trouvé une marraine.

— Sans doute, le roi veut que la nouvelle éclate comme une bombe.

— Nous y sommes, cette fois.

— Bien sûr, monsieur le vicomte ? demanda madame de Béarn.

— Nous y sommes, répéta Jean.

Les oreilles s'ouvrirent, les yeux se dilatèrent. Jean rapprocha son fauteuil des deux autres fauteuils.

— Madame, par conséquent, ignore comme les autres que vous allez être présentée, et que vous avez trouvé une marraine.

— Sans doute. Je l'ignorais si vous ne me l'eussiez pas dit.

— Vous êtes censée ne pas nous avoir vus ; donc vous ignorez tout. Vous demandez audience au roi.

— Mais madame la comtesse prétend que le roi me refusera.

— Vous demandez audience au roi, en lui offrant d'être la marraine de la comtesse. Vous comprenez. Vous ignorez, qu'elle en a une. Vous demandez donc audience au roi, en vous offrant d'être la marraine de ma sœur. De la part d'une femme de votre rang, la chose touche Sa Majesté. Sa Majesté, vous reçoit vous remercie, vous demande ce qu'elle peut faire pour vous être agréable. Vous entamez l'affaire du procès, vous faites valoir vos déductions. Sa Majesté comprend, recommande l'affaire, et votre procès, que vous croyez perdu, se trouve gagné.

Madame Dubarry fixait sur la comtesse des regards ardents. Celle-ci sentit probablement le piége.

— Oh ! moi, chétive créature, dit-elle vivement, comment voulez-vous que Sa Majesté...

— Il suffit je crois dans cette circonstance, d'avoir montré de la bonne volonté dit Jean.

— S'il ne s'agit que de bonne volonté... dit la comtesse hésitant.

— L'idée n'est point mauvaise, reprit madame Dubarry en souriant. Mais peut-être que, même pour gagner son procès, madame la comtesse répugne à de pareilles supercheries?

— A de pareilles supercheries reprit Jean ; ah ! par exemple ! et qui les saura je vous le demande, ces supercheries?

— Madame a raison, reprit la comtesse espérant se tirer d'affaire par ce biais, et je préférerais lui rendre un service réel, pour me concilier réellement son amitié.

— C'est, en vérité, on ne peut plus gracieux, dit madame Dubarry avec une légère teinte d'ironie, qui n'échappa point à madame de Béarn.

— Eh bien! j'ai encore un moyen, dit Jean.

— Un moyen?

— Oui.

— De rendre ce service réel?

Ah ça! vicomte, dit madame Dubarry, vous devenez poète, prenez garde! M. de Baumarchais n'a pas dans l'imagination plus de ressources que vous.

— La vieille comtesse attendait avec anxiété l'exposition de ce moyen.

— Raillerie à part, dit Jean. Voyons petite sœur, vous êtes bien intime avec madame d'Alogny, n'est-ce pas?

— Si je le suis!... Vous le savez bien.

— Se formaliserait-elle de ne point vous présenter?

— Dam, c'est possible.

—Il est bien entendu que vous n'irez pas lui dire à brûle-pourpoint ce que le roi a dit, c'est-à-dire qu'elle était de bien petite noblesse pour une pareille charge. Mais vous êtes femme d'esprit, vous lui diriez autre chose.

— Eh bien? demanda Jeanne.

Eh bien ! elle céderait à madame cette occasion de vous rendre service et de faire fortune.

La vieille frissonna. Cette fois l'attaque était directe. Il n'y avait pas de réponse évasive possible.

Cependant elle en trouva une.

— Je ne voudrais pas désobliger cette dame, dit-elle, et entre gens de qualité on se doit des égards.

Madame Dubarry fit un mouvement de dépit que son frère calma d'un signe.

— Notez bien, madame, dit-il, que je ne vous propose rien. Vous avez un procès, cela arrive à tout le monde; vous désirez le gagner, c'est tout naturel. Il paraît perdu, cela vous désespère; je tombe au beau milieu de ce désespoir, je me sens ému de sympathie pour vous; je prends intérêt à cette affaire qui ne me regarde pas; je cherche un moyen de la faire tourner à bien quand elle est déjà aux trois quarts tournée à mal. J'ai tort, n'en parlons plus.

Et Jean se leva.

— Oh! monsieur, s'écria la vieille avec un serrement de cœur qui lui fit apercevoir les Dubarry, jusqu'alors indifférents, ligués désormais eux-mêmes contre son procès; — oh! monsieur, tout au contraire, je reconnais, j'admire votre bienveillance!

— Moi, vous comprenez, reprit Jean avec une indifférence parfaitement jouée, que ma sœur soit présentée par madame d'Alogny, par madame de Polastron ou par madame de Béarn, peu m'importe.

— Mais sans doute, monsieur.

— Seulement, eh bien! je l'avoue, j'étais furieux que les bienfaits du roi tombassent sur quelque mauvais cœur, qui, gagné par un intérêt sordide, aurait capitulé devant notre pouvoir, comprenant l'impossibilité de l'ébranler.

— Oh! c'est ce qui arriverait probablement, dit madame Dubarry.

— Tandis, continua Jean, tandis que madame, qu'on n'a pas sollicitée, que nous connaissons à peine, et qui s'offre de bonne grâce enfin, me paraît digne en tout point de profiter des avantages de la position.

La plaideuse allait peut-être réclamer contre cette bonne volonté, dont lui faisait honneur le vicomte, mais madame Dubarry ne lui en donna pas le temps.

— Le fait est, dit-elle, qu'un pareil procédé enchanterait le roi, et que le roi n'aurait rien à refuser à la personne qui l'aurait eu.

— Comment! le roi n'aurait rien à refuser, dites-vous?

— C'est-à-dire qu'il irait au-devant des désirs de cette personne. C'est-à-dire que de vos propres oreilles, vous l'entendriez dire au vice-chancelier : Je veux que l'on soit agréable à madame de Béarn, entendez-vous, monsieur de Maupeou. Mais il paraît que madame la comtesse voit des difficultés à ce que cela soit ainsi. C'est bien. Seulement, ajouta le vicomte en s'inclinant, j'espère que madame me saura gré de mon bon vouloir.

— J'en suis pénétrée de reconnaissance, monsieur, s'écria la vieille.

— Oh! bien gratuitement, dit le galant vicomte.

— Mais, reprit la comtesse.

— Madame ?

— Mais, madame d'Alogny ne cédera point son droit, dit la plaideuse.

— Alors nous revenons à ce que nous avons dit d'abord, madame ne s'en sera pas moins offerte et Sa Majesté n'en sera pas moins reconnaissante.

— Mais en supposant que madame d'Alogny acceptât, dit la comtesse qui cavait au pis pour voir clairement au fond des choses, on ne peut faire perdre à cette dame les avantages....

— La bonté du roi pour moi est inépuisable, madame, dit la favorite.

— Oh! s'écria Dubarry, quelle tuile sur la tête de ces Saluces que je ne puis pas souffrir.

— Si j'offrais mes services à madame, reprit la vieille plaideuse se décidant de plus en plus, entraînée qu'elle était à la fois par son intérêt et par la comédie que l'on jouait avec elle, je ne considérerais pas le gain de mon procès ; car enfin ce procès, que tout le monde regarde comme perdu aujourd'hui, sera difficilement gagné demain.

— Ah! si le roi le voulait pourtant, répondit le vicomte, se hâtant de combattre cette hésitation nouvelle.

— Eh bien! madame a raison, vicomte, dit la favorite, et je suis de son avis, moi.

— Vous dites? fit le vicomte ouvrant des yeux énormes.

— Je dis qu'il serait honorable pour une femme du nom de madame que le procès marchât comme il doit marcher. Seulement, nul ne peut entraver la volonté du roi, ni l'arrêter dans sa munificence. Et si le roi, ne voulant pas, surtout dans la situation où il est avec ses parlements, si le roi, ne voulant pas changer le cours de la justice, offrait à madame un dédommagement?

— Honorable, se hâta de dire le vicomte. Oh! oui, petite sœur, je suis de votre avis.

— Hélas ! fit péniblement la plaideuse, comment dédommager de la perte d'un procès qui enlève deux cent mille livres?

— Mais d'abord, dit madame Dubarry, par un don royal de cent mille livres, par exemple?

Les deux associés regardèrent avidement leur victime.

— J'ai un fils, dit-elle.

— Tant mieux, c'est un serviteur de plus pour l'Etat, un nouveau dévouement acquis au roi.

— On ferait donc quelque chose pour mon fils, madame, vous le croyez?

— J'en réponds, moi, dit Jean, et le moins qu'il puisse espérer, c'est une lieutenance dans les gendarmes.

— Avez-vous encore d'autres parents? demanda la favorite.

— Un neveu.

— Eh bien! on inventerait quelque chose pour le neveu.

— Et nous vous chargerions de cela, vicomte, vous qui venez de nous prouver que vous étiez plein d'invention, dit en riant la favorite.

— Voyons, si Sa Majesté faisait pour

vous toutes ces choses, madame, dit le vicomte, qui, suivant le précepte d'Horace, poussait au dénoûment, trouveriez-vous le roi raisonnable?

— Je le trouverais généreux au delà de toute expression, et j'offrirais toutes mes actions de grâce à madame, convaincue que c'est à elle que je dois tant de générosité.

— Ainsi donc, madame, demanda la favorite, vous voulez bien prendre au sérieux notre conversation?

— Oui, madame, au plus grand sérieux, dit la vieille comtesse, toute pâle de l'engagement qu'elle prenait.

— Et vous permettez que je parle de vous à Sa Majesté?

— Faites-moi cet honneur, répondit la plaideuse avec un soupir.

— Madame, la chose aura lieu, et pas plus tard que ce soir même, dit la favorite en levant le siége, et maintenant, madame, j'ai conquis, je l'espère, votre amitié.

— La vôtre m'est si précieuse, répondit la vieille dame en commençant ses révérences, qu'en vérité je crois être sous l'empire d'un songe.

— Voyons, récapitulons, dit Jean, qui

voulait donner à l'esprit de la comtesse toute la fixité dont l'esprit a besoin pour mener à fin les choses matérielles. Voyons, cent mille livres d'abord comme dédommagement des frais de procès, de voyages, d'honoraires d'avocats, etc., etc., etc.

— Oui, monsieur.

— Une lieutenance pour le jeune comte.

— Oh! ce lui serait une ouverture de carrière magnifique.

— Et quelque chose pour un neveu, n'est-ce pas?

— Quelque chose?

— On trouvera ce quelque chose; je l'ai déjà dit; cela me regarde.

— Et quand aurai-je l'honneur de vous revoir, madame la comtesse? demanda la vieille plaideuse.

— Demain matin, mon carrosse sera à votre porte, madame, pour vous mener à Luciennes, où sera le roi. Demain à dix heures, j'aurai rempli ma promesse; Sa Majesté sera prévenue, et vous n'attendrez point.

— Permettez que je vous accompagne, dit Jean, offrant son bras à la comtesse.

— Je ne le souffrirai point, monsieur, dit la vieille dame ; demeurez, je vous prie.

Jean insista.

— Jusqu'au haut de l'escalier, du moins.

—Puisque vous le voulez absolument....

Et elle prit le bras du vicomte.

— Zamore ! appela la comtesse.

Zamore accourut.

— Qu'on éclaire madame jusqu'au perron, et qu'on fasse avancer la voiture de mon frère.

Zamore partit comme un trait.

— En vérité, vous me comblez, dit madame de Béarn.

Et les deux femmes échangèrent une dernière révérence.

Arrivé au haut de l'escalier, le vicomte Jean quitta le bras de madame de Béarn, et revint vers sa sœur, tandis que la plaideuse descendait majestueusement le grand escalier.

Zamore marchait devant ; derrière Zamore suivaient deux valets de pied portant des flambeaux, puis venait madame de Béarn, dont un troisième laquais portait la queue, un peu courte.

Le frère et la sœur regardaient par une fenêtre, afin de suivre jusqu'à sa voiture cette précieuse marraine, cherchée avec tant de soin, et trouvée avec tant de difficulté.

— Au moment où madame de Béarn arrivait au bas du perron, une chaise entrait dans la cour, et une jeune femme s'élançait par la portière.

— Ah! maîtresse Chon! s'écria Zamore en ouvrant démesurément ses grosses lèvres; bonsoir, maîtresse Chon!

Madame de Béarn demeura un pied en l'air; elle venait, dans la nouvelle arrivante, de reconnaître sa visiteuse, la fausse fille de maître Flageot.

Dubarry avait précipitamment ouvert sa fenêtre, et de cette fenêtre faisait des signes effrayants à sa sœur qui ne le voyait pas.

— Ce petit sot de Gilbert est-il ici? demanda Chon aux laquais sans voir la comtesse.

— Non, madame, répondit l'un d'eux, on ne l'a point vu.

Ce fut alors qu'en levant les yeux elle aperçut les signaux de Jean.

Elle suivit la direction de sa main, qui

était invinciblement étendue vers madame de Béarn.

Chon la reconnut, jeta un cri, baissa sa coiffe et s'engouffra dans le vestibule.

La vieille, sans paraître avoir rien remarqué, monta dans le carrosse et donna son adresse au cocher.

VIII

Le roi s'ennuie.

Le roi, qui était parti pour Marly, selon qu'il l'avait annoncé, donna l'ordre, vers trois heures de l'après midi, qu'on le conduisît à Luciennes.

Il devait supposer que madame Dubarry, au reçu de son petit billet, s'empresserait de quitter à son tour Versailles pour aller l'attendre dans la charmante habitation qu'elle venait de se faire bâtir, et que le roi avait déjà visitée deux ou trois fois sans y avoir cependant jamais passé la nuit, sous prétexte, comme il l'avait dit, que Luciennes n'était point château royal.

Aussi fut-il fort surpris en arrivant de trouver Zamore, très-peu fier et très-peu gouverneur, s'amusant à arracher les plumes de la perruche qui essayait de le mordre.

Les deux favoris étaient en rivalité, comme M. de Choiseul et madame Dubarry.

Le roi s'installa dans le petit salon et renvoya sa suite.

Il n'avait pas l'habitude de questionner les gens ni les valets, bien qu'il fût le plus curieux gentilhomme de son royaume; mais Zamore n'était pas même un valet, c'était quelque chose qui prenait son rang entre le sapajou et la perruche.

Le roi questionna donc Zamore.

— Madame la comtesse est-elle au jardin ?

— Non, maître, dit Zamore.

Ce mot remplaçait le titre de Majesté

dont madame Dubarry, par un de ses caprices, avait dépouillé le roi à Luciennes.

— Elle est aux Carpes, alors?

On avait creusé à grands frais un lac sur la montagne, on l'avait alimenté par les eaux de l'aqueduc, et l'on y avait transporté les plus belles carpes de Versailles.

— Non, maître, répondit encore Zamore.

— Où est-elle donc?

— A Paris, maître.

— Comment, à Paris!... La comtesse n'est pas venue à Luciennes?...

— Non, maître, mais elle y a envoyé Zamore.

— Pourquoi faire?

— Pour y attendre le roi.

— Ah! ah! fit Louis XV, on te commet le soin de me recevoir. C'est charmant, la société de Zamore. Merci, comtesse, merci.

Et le roi se leva un peu dépité.

— Oh! non, dit le négrillon, le roi n'aura pas la société de Zamore.

— Et pourquoi?

— Parce que Zamore s'en va.

— Et où vas-tu ?

— A Paris.

— Alors, je vais rester seul. De mieux en mieux. Mais que vas-tu faire, à Paris ?

— Rejoindre maîtresse Barry et lui dire que le roi est à Luciennes.

— Ah ! ah ! la comtesse t'a chargé de me dire cela alors ?

— Oui, maître.

— Et elle n'a pas dit ce que je ferais en attendant ?

— Elle a dit que tu dormirais.

— Au fait, pensa le roi, c'est qu'elle

ne va pas tarder, et qu'elle a quelque nouvelle surprise à me faire.

Puis tout haut :

— Pars donc vite, et ramène la comtesse... Mais, à propos, comment t'en vas-tu ?

— Sur le grand cheval blanc, avec la housse rouge.

— Et combien de temps faut-il au grand cheval blanc pour aller à Paris ?

— Je ne sais pas dit le négre, mais il va vite, vite, vite. Zamore aime à aller vite.

— Allons, c'est encore bien heureux que Zamore aime à aller vite.

Et il se mit à la fenêtre pour voir partir Zamore.

Un grand valet-de-pied le hissa sur le cheval, et, avec cette heureuse ignorance du danger qui appartient particulièrement à l'enfance, le négrillon partit au galop, accroupi sur sa gigantesque monture.

Le roi, demeuré seul, demanda au valet-de-pied s'il y avait quelque chose de nouveau à voir à Luciennes.

— Il y a, répondit le serviteur, M. Boucher, qui peint le grand cabinet de madame la comtesse.

— Ah! Boucher. — Ce pauvre bon Boucher, il est ici, dit le roi avec une espèce de satisfaction, et où cela dites-vous?

— Au pavillon, dans le cabinet; Sa Majesté désire-t-elle que je la conduise près de M. Boucher?

— Non, fit le roi; non, décidément, j'aime mieux aller voir les carpes, donne-moi un couteau.

— Un couteau, Sire?

— Oui, et un gros pain.

Le valet revint, portant sur un plat de fayence du Japon un gros pain rond dans lequel était fiché un couteau long et tranchant.

Le roi fit signe au valet de l'accompagner et se dirigea, satisfait, vers l'étang.

C'était une tradition de famille que de donner à manger aux carpes. Le grand roi n'y manquait pas un seul jour.

Louis XV s'assit sur un banc de mousse d'où la vue était charmante.

Elle embrassait le petit lac d'abord, avec ses rives gazonnées; au-delà, le village planté entre les deux collines, dont l'une, celle de l'ouest, s'élève à pic comme la roche moussue de Virgile, de sorte que les maisons couvertes de chaume qu'elle supporte, semblent des jouets d'enfants emballés dans une boîte pleine de fougère.

Plus loin, les pignons de Saint-Germain, ses escaliers gigantesques, et les touffes infinies de sa terrasse; plus loin encore, les coteaux bleus de Saunois et de Cormeilles, enfin un ciel teinté de rose et de gris, enfermant tout cela comme eût fait une magnifique coupole de cuivre.

Le temps était orageux, le feuillage tranchait en noir sur les prés d'un vert tendre; l'eau, immobile et unie comme une vaste surface d'huile, se trouait parfois tout à coup quand de ses profondeurs glauques, quelque poisson, pareil à un éclat d'argent, s'élançait pour saisir la mouche des étangs traînant ses longues pattes sur l'eau.

Alors de grands cercles tremblottants s'élargissaient à la surface de lac, et moiraient toute la nappe de cercles blancs mêlés de cercles noirs.

On voyait aussi sur les bords s'élever les museaux énormes des poissons silencieux qui, sûrs de n'avoir jamais à rencontrer ni l'hameçon ni la maille, venaient sucer les trèfles pendants et regarder de leurs gros yeux fixes, qui ne semblent pas voir, les petits lézards gris et les grenouilles vertes s'ébattant parmi les joncs.

Quand le roi, en homme qui sait comment on perd son temps, eut regardé le paysage par tous les coins, compté les maisons du village et les villages de la perspective, il prit le pain dans l'assiette déposée à côté de lui, et se mit à le couper par grosses bouchées.

Les carpes entendirent crier le fer sur la croûte, et familiarisées avec ce bruit qui leur annonçait le dîner, elles vinrent autant et aussi près qu'il était possible, se montrer à Sa Majesté, pour qu'il lui plût de leur octroyer le repas quotidien. Elles en faisaient autant pour le premier valet de pied, mais le roi crut naturellement qu'elles se mettaient en frais pour lui.

Il jeta l'un après l'autre les morceaux de pain qui, plongeant d'abord, puis revenant ensuite à la surface du lac, étaient disputés quelque temps, puis tout à coup s'émiettant, dissous par l'eau, disparaissaient en un instant.

C'était en effet un assez curieux et assez amusant spectacle, que celui de toutes ces croûtes poussées par des museaux invisibles, et s'agitant sur l'eau jusqu'au moment où elles s'engloutissaient pour toujours.

Au bout d'une demi-heure, Sa Majesté qui avait eu la patience de couper cent morceaux de pain à peu près, avait la satisfaction de n'en plus voir surnager un seul.

Mais aussi, alors, le roi s'ennuya, et se rappela que M. Boucher pouvait lui offrir une distraction secondaire : cette distraction était moins piquante que celle des carpes, c'est vrai, mais, à la campagne, on prend ce que l'on trouve.

Louis XV se dirigea donc vers le pavillon. Boucher était déjà prévenu. Tout en peignant, ou plutôt tout en faisant semblant de peindre, il suivait le roi des yeux il le vit s'acheminer vers le pavillon, et tout joyeux, rajusta son jabot, tira ses manchettes et monta sur son échelle, car on lui avait bien recommandé d'avoir l'air d'ignorer que le roi fut à Luciennes. Il entendit le parquet crier sous les pas du maître; et se mit à bléreauter un amour joufflu, dérobant une rose à une jeune bergère, vêtue d'un corset de satin bleu, et coiffée d'un chapeau de paille. La main lui tremblait, le cœur lui battait.

Louis XV s'arrêta sur le seuil.

— Ah! monsieur Boucher, lui dit-il, comme vous sentez la thérébenthine!

Et il passa outre.

Le pauvre Boucher, si peu artiste que fût le roi, s'attendait à un autre compliment et faillit tomber de son échelle.

Il descendit et s'en alla les larmes aux yeux, sans gratter sa palette et sans laver ses pinceaux, ce qu'il ne manquait pas cependant de faire chaque soir.

Sa Majesté tira sa montre. Il était sept heures.

Louis XV rentra au château, lutina le singe, fit parler la perruche, et tira des étagères, les unes après les autres, toutes les chinoiseries qu'elles contenaient.

La nuit vint.

Sa Majesté n'aimait pas les appartements obscurs ; on alluma.

Mais elle n'aimait pas davantage la solitude.

— Mes chevaux dans un quart-d'heure dit le roi.

— Ma foi, ajouta-t-il, je lui donne encore un quart-d'heure pas une minute de plus.

Et Louis XV se coucha sur le sofa en

face de la cheminée, se donnant pour tâche d'attendre que les quinze minutes, c'est-à-dire neuf cents secondes fussent écoulées.

Au quatre centième battement du balancier de la pendule, laquelle représentait un éléphant bleu monté par une sultane rose, Sa Majesté dormait.

Comme on le pense, le laquais qui venait pour annoncer que la voiture était prête, le voyant dormir, se garda bien de l'éveiller. Il résulta de cette attention pour l'auguste sommeil, qu'en s'éveillant tout seul, le roi vit devant lui madame Dubarry fort peu endormie, à ce qu'il paraissait du moins, et qui le regardait avec de grands yeux. Zamore, à l'angle de la porte, attendait le premier ordre.

— Ah ! vous voilà comtesse, dit le roi en restant assis, mais en reprenant la position verticale.

— Mais oui, sire, me voilà, et depuis fort longtemps même, dit la comtesse.

— Oh ! c'est-à dire depuis longtemps...

— Dam ! depuis une heure au moins.

Oh ! comme Votre Majesté dort.

— Ma foi, écoutez donc, comtesse, vous n'étiez point là et je m'ennuyais fort, puis je dors si mal la nuit. Savez-vous que j'allais partir ?

— Oui, j'ai vu les chevaux de Votre Majesté attelés.

Le roi regarda la pendule.

— Oh ! mais, dix heures et demie, dit-il, j'ai dormi près de trois heures.

— Tout autant, sire; dites qu'on ne dort pas bien à Luciennes.

— Ma foi si ! Mais que diable vois-je là ? s'écria le roi en apercevant Zamore.

— Vous voyez le gouverneur de Luciennes, sire.

— Pas encore, pas encore, dit le roi en riant, comment ce drôle là porte l'uniforme avant d'être nommé, il compte donc bien sur ma parole ?

— Sire, votre parole est sacrée et nous avons tous le droit de compter dessus. Mais Zamore a plus que votre parole, ou plutôt moins que votre parole, sire, il a son brevet.

— Comment ?

— Le vice-chancelier me l'a envoyé : le voici. Maintenant le serment est la seule formalité qui manque à son installation, faites-le jurer vite et qu'il nous garde.

— Approchez, monsieur le gouverneur, dit le roi.

Zamore s'approcha; il était vêtu d'un habit d'uniforme, à collet brodé, portait les épaulettes de capitaine, la culotte courte, les bas de soie et l'épée en broche. Il marchait raide et compassé, un énorme chapeau à trois cornes sous le bras.

— Saura-t-il jurer seulement? dit le roi.

— Oh! que oui ; essayez, Sire.

— Avancez à l'ordre, dit le roi regardant curieusement cette noire poupée.

— A genoux, dit la comtesse.

— Prêtez serment, ajouta Louis XV.

L'enfant posa une main sur son cœur, l'autre dans les mains du roi et dit :

— Je jure foi et hommage à mon maître et à ma maîtresse ; je jure de défendre jusqu'à la mort le château dont on me confie la garde, et d'en manger jusqu'au dernier pot de confiture avant de me rendre si l'on m'attaquait.

Le roi se mit à rire tant de la formule du serment que du sérieux avec lequel Zamore le prononçait.

— En revanche de ce serment, répliqua-t-il en reprenant la gravité convenable, je vous confère, monsieur le gouverneur, le droit souverain, droit de haute et basse justice, sur tous ceux qui habitent l'air, la terre, le feu et l'eau de ce palais.

— Merci, maître, dit Zamore en se relevant.

— Et maintenant dit le roi, va promener ton bel habit aux cuisines et laisse-nous tranquilles. Va !

Zamore sortit.

Comme Zamore sortait par une porte, Chon entrait par l'autre.

— Ah! vous voilà, petite Chon. Bonjour, Chon.

Le roi l'attira sur ses genoux et l'embrassa.

— Voyons, ma petite Chon, continua-t-il, tu vas me dire la vérité, toi.

— Ah! prenez garde, sire, dit Chon, vous tombez mal. La vérité! je crois que ce serait la première fois de ma vie. Si vous voulez savoir la vérité, adressez-vous à Jeanne; elle ne sait pas mentir, elle.

— Est-ce vrai, comtesse?

— Sire, Chon a trop bonne opinion de moi. L'exemple m'a perdu, et depuis ce soir surtout, je suis décidée à mentir comme une vraie comtesse, si la vérité n'est pas bonne à dire.

— Ah! dit le roi, il paraît que Chon a quelque chose à me cacher.

— Ma foi! non.

— Quelque petit duc, quelque petit marquis, quelque petit vicomte que l'on sera allé voir.

— Je ne crois pas répliqua la comtesse.

— Qu'en dit Chon ?

— Nous ne croyons pas, Sire.

— Il faudra que je me fasse faire là-dessus un rapport de la police.

— De celle de M. de Sartines ou de la mienne ?

— De celle de M. de Sartines.

— Combien le payerez-vous ?

— S'il me dit des choses curieuses, je ne marchanderai pas.

— Alors donnez la préférence à ma

police, et prenez mon rapport. Je vous servirai... royalement.

— Vous vous vendrez vous-même ?

— Pourquoi pas, si la somme vaut le secret.

— Eh bien ! soit ! Voyons le rapport. Mais surtout pas de mensonges.

— La France, vous m'insultez.

— Je veux dire, pas de détours.

— Eh bien ! Sire, apprêtez les fonds, voici le rapport.

— J'y suis, dit le roi en faisant sonner quelques pièces d'or au fond de sa poche.

— D'abord, la comtesse, madame Dubarry, a été vue à Paris vers deux heures de l'après midi.

— Après, après, je sais cela.

— Rue de Valois.

— Je ne dis pas non.

— Vers six heures Zamore est venu l'y rejoindre.

— C'est encore possible ; mais qu'allait faire madame Dubarry, rue de Valois ?

— Elle allait chez elle.

— Je comprends bien ; mais pourquoi allait-elle chez elle ?

— Pour attendre sa marraine.

— Sa marraine ! dit le roi, avec une grimace qu'il ne put dissimuler tout à fait; elle va donc se faire baptiser ?

— Oui, sire, sur les grands fonts de Versailles.

— Ma foi, elle a tort; le paganisme lui allait si bien.

— Que voulez-vous, Sire ; vous savez

le proverbe : On veut avoir ce qu'on n'a pas.

— De sorte que nous voulons avoir une marraine ?

— Et nous l'avons, Sire.

Le roi tressaillit et haussa les épaules.

— J'aime beaucoup ce mouvement, Sire ; il me prouve que Votre Majesté serait désespérée de voir la défaite des Grammont, des Guéménée et de toutes les bégueules de la cour.

— Plaît-il ?

— Sans doute, vous vous liguez avec tous ces gens-là ?

— Je me ligue ?... Comtesse, apprenez une chose, c'est que le roi ne se ligue qu'avec des rois.

— C'est vrai ; mais tous vos rois sont les amis de M. de Choiseul.

— Revenons à votre marraine, comtesse.

— J'aime mieux cela, Sire.

— Vous êtes donc parvenue à en fabriquer une ?

— Je l'ai bien trouvée toute faite, et de bonne façon, encore, une comtesse de Béarn, famille de princes qui ont régné : rien que cela. Celle-là ne déshonorera pas l'alliée des alliées des Stuarts, j'espère.

— La comtesse de Béarn ? fit le roi avec surprise ; je n'en connais qu'une, qui doit habiter du côté de Verdun.

— C'est celle-là même ; elle a fait le voyage tout exprès.

—Et elle vous donnera la main ?

— Les deux mains !

— Et quand cela ?

— Demain, à onze heures du matin, elle aura l'honneur d'être reçue en audience secrète par moi ; et en même temps, si la question n'est pas bien indiscrète, elle demandera au roi de fixer son jour, et vous le lui fixerez le plus rapproché possible, n'est-ce pas M. la France ?

Le roi se prit à rire, mais sans franchise.

— Sans doute, sans doute, dit-il en baisant la main de la comtesse.

Mais tout à coup :

— Demain à onze heures ! s'écria-t-il ?

— Sans doute à l'heure du déjeuner.

— Impossible, chère amie.

— Comment, impossible !

— Je ne déjeune pas ici, je m'en retourne ce soir.

— Qu'est-ce encore? dit madame Dubarry qui sentait le froid lui monter jusqu'au cœur. Vous partez, Sire ?

— Il le faut bien, chère comtesse, j'ai donné rendez-vous à Sartines pour un travail très-pressé.

— Comme vous voudrez, Sire ; mais vous souperez au moins, je l'espère.

— Oh ! oui, je souperai peut-être... oui, j'ai assez faim ; je souperai.

— Fais servir, Chon, dit la comtesse à sa sœur en lui adressant un signe particulier, et qui avait sans doute rapport à une convention arrêtée d'avance.

Chon sortit.

— Le roi avait vu le signe dans une glace et, quoiqu'il n'eût pas pu le comprendre, il devina un piége.

— Eh bien ! non, non, dit-il ; impossible même de souper... il faut que je parte à l'instant même. J'ai les signatures ; c'est aujourd'hui samedi.

— Allons, soit ! je vais faire avancer les chevaux alors.

— Oui, chère belle.

— Chon !

Chon reparut.

— Les chevaux du roi, dit la comtesse.

Bien, dit Chon avec un sourire.

Et elle sortit de nouveau.

Un instant après on entendit sa voix qui criait dans l'antichambre :

— Les chevaux du roi !

FIN DU TOME QUATRIÈME.

TABLE DES MATIÈRES.

   I. La salle des pendules.................... 1
  II. La Cour du roi Pétaud................... 29
 III. Madame Louise de France............... 61
 IV. Loque, Chiffe et Graille................. 91
   V. Madame de Béarn...................... 121
 VI. Le Vice................................ 171
VII. Le brevet de Zamore................... 227
VIII. Le roi s'ennuie........................ 283

www.ingramcontent.com/pod-product-compliance
Lightning Source LLC
Chambersburg PA
CBHW060403170426
43199CB00013B/1982